반디랑 블록 한자

4

닮은꼴 끼리끼리!

매일 4字씩 1000字 완성

블록한자 학습 효과

한자와 학습 능력

문해력文解力(literacy, 문장해석력)이 높은 아이가 우등생이 됩니다. 어려운 개념들로 이루어진 교과서 속 문장들을 이해하지 못하고 잘할 수 있는 과목은 하나도 없습니다. 한자어 아닌 개념 어휘는 거의 찾아볼 수 없는 한국어의 특성상, 교과서 학습 능력을 키우는 데 한자의 이해가 필수라는 점은 불변의 사실입니다. 최근 많은 청소년들이 SNS에 빠져 독서를 멀리하며 문해력이 저하되고 있는 현시점에서 한자교육의 중요성은 역설적으로 더욱 커지고 있습니다.

일석삼조의 효과, 블록한자!

블록한자는 '기본자 1자 + 파생자 3자'로 구성됩니다. 쉬운 기본자 1자를 익히면 복잡한 파생자 3자를 함께 익힐 수 있습니다. 하루 4자의 부담 없는 학습량을 원리에 따라 재미있게 익히며, 혼자서도 효율적으로 자기주도학습을 실천할 수 있습니다.

급수의 효율적 재구성

급수가 낮다고 쉬운 한자일까요? 절대 그렇지 않습니다. '語(낮은 급수) / 言(높은 급수)'처럼 낮은 급수의 한자가 오히려 더 복잡한 경우는 무척 많습니다. 게다가 급수가 높아질수록 외워야 할 한자의 수는 기하급수적으로 늘어나서, 앞에서 익힌 한자와 새로 배우는 한자를 연계하여 이해하지 못하면 급격히 늘어나는 학습량을 감당할 수가 없습니다. 그래서 무조건 낮은 급수부터 시작하다 8, 7급의 낮은 단계에서 한자 공부를 포기하는 경우가 대부분입니다.

반디랑 블록한자는 다릅니다. 반디랑 블록한자는 급수를 효율적으로 재구성하여 총 128블록으로 만들었습니다. 하루 1블록씩 꾸준히 학습한다면, 128일만에 교육부 권장 한자 포함 1000자를 다 익히게 됩니다. 쉬운 기본자를 중심으로 어려운 파생자들을 함께 익혀, 급격한 학습량의 증가나 지나친 학습 기간의 부담 없이 중고등학교 수준의 한자까지 마스터할 수 있습니다. 또한 초등 교과서에서 어휘 용례를 엄선하여, 한자로 구성된 어려운 개념어들도 똑똑하게 이해할 수 있습니다.

길고 긴 초등학교 시절, 하루 10분씩 딱 반 년만 반디랑 블록한자에 투자하세요! 중학교 가기 전 한자 공부를 다 끝내고 탄탄한 어휘력과 문해력을 다질 수 있습니다!

 # 급수를 딛고 성큼성큼

각 권당 블록한자 32개를 기본 구성으로 수록하고, 권말에 추가 구성으로 더블록한자 32개를 붙여 학습의 효율을 높였습니다. 총 4권 전질로, 낮은 급수의 한자들을 중심축으로 하되, 높은 급수이지만 중요한 한자를 효율적으로 함께 배치하여 통합적 학습이 가능하도록 배려하였습니다.

반디랑 블록한자를 마스터하다 보면 한자 급수도 성큼성큼, 학업 성적도 성큼성큼 오릅니다.

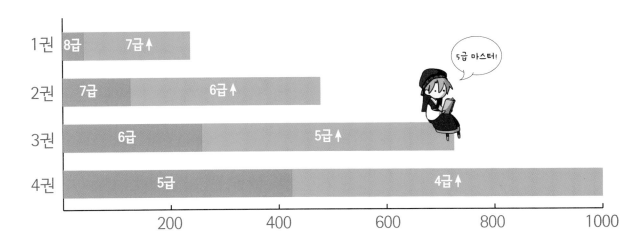

반디랑

블록 한자

4권 한자

1~4권 1000字 보기

1권 128자 + 더블록 128자 ^{부록}

日 白 昌 晶	月 明 朋 崩	山 岩 仙 幽	川 州 洲 訓
火 災 炎 淡	水 氷 永 泳	土 吐 士 王	木 未 末 本
人 仁 休 代	生 姓 性 星	男 加 協 脅	女 如 好 安
母 每 海 梅	子 字 仔 學	兄 兌 說 稅	弟 梯 涕 第
大 太 犬 夭	小 尖 少 沙	上 止 齒 步	下 卞 不 杯
千 肝 刊 竿	萬 愚 偶 遇	車 轟 連 蓮	舟 丹 船 航
內 丙 納 訥	夕 外 多 侈	中 忠 串 患	心 必 志 情
東 凍 棟 鍊	西 要 票 栗	南 幸 譯 擇	北 背 乘 乖

2권 128자 + 더블록 128자 ^{부록}

元 玩 完 院	首 道 導 領	公 松 翁 私	主 注 住 往
市 柿 姉 肺	井 形 刑 型	孔 乳 浮 妥	方 放 防 訪
工 功 空 江	品 區 嘔 樞	去 法 怯 却	來 麥 麵 爽
雨 雪 雲 電	田 界 果 課	春 泰 奉 棒	秋 愁 秀 和
克 兢 剋 競	己 已 巳 記	文 紋 紊 蚊	化 花 貨 靴
平 評 坪 萍	行 街 衝 術	合 給 答 塔	同 洞 銅 興
衣 依 表 初	食 飮 飯 蝕	家 豚 逐 遂	族 旗 旅 遊
手 拜 看 着	足 促 捉 蹴	口 因 困 菌	角 用 解 觸

3권 128자 + 더블록 128자 부록

羊	洋	美	善	豆	頭	短	登	甘	柑	某	謀	泉	原	源	線
弓	弔	引	弘	矢	知	智	失	刀	刃	忍	認	斤	斥	折	近

耳	茸	恥	聖	目	見	盲	眉	骨	滑	體	禮	肉	育	胃	肋
半	伴	畔	判	分	盆	粉	忿	正	定	是	歪	反	返	板	販

古	苦	固	故	今	念	令	冷	門	問	聞	間	戶	房	扁	篇
作	昨	炸	詐	勇	通	桶	痛	身	射	躬	窮	病	疾	症	痴

死	葬	列	烈	亡	忘	妄	望	退	恨	限	根	各	落	路	露
見	規	現	親	則	測	側	惻	音	意	憶	億	樂	藥	礫	轢

4권 128자 + 더블록 128자 부록

鳥	鳴	島	烏	蟲	蜀	獨	濁	魚	漁	魯	鮮	貝	財	買	貧
無	舞	撫	蕪	谷	俗	浴	欲	良	浪	娘	郞	奴	努	怒	駑

比	批	昆	混	率	卒	猝	悴	尙	常	堂	掌	識	職	織	熾
專	傳	轉	團	充	銃	統	流	自	臭	息	鼻	爭	錚	淨	靜

犬	伏	拔	髮	馬	篤	駐	騎	培	倍	部	剖	養	義	議	儀
酉	酒	酋	尊	句	苟	敬	警	吉	結	喜	臺	凶	兇	匈	胸

臣	臥	監	覽	民	眠	氏	紙	每	毒	悔	敏	周	週	調	彫
約	的	酌	釣	束	速	揀	練	觀	權	勸	歡	能	熊	罷	態

핵심 한자

월 일

4급

새 조

鳥 알아 보기

옛한자

鳥는 새의 모양을 본뜬 글자입니다. 위에 점을 찍어 부리를 표시하였고, 차례로 머리, 몸통, 깃털을 나타냅니다.

鳥 따라 쓰기

새 조

11획 ʼ ㅓ ㅓ ㅓ ㅓ 皀 皀 鳥 鳥 鳥 鳥
鳥

⬆찍으면 획순 영상이 나옵니다.

10

교과서 핵심 단어

 교과서에 나온 내용을 소리 내어 읽어 보아요.

국어 3

吉鳥
길할 길　새 조

길조

🟦 **뜻** **좋은 조짐을 알려주는 새**

우리 조상은 제비를 복과 재물을 가져다 주는 吉鳥라고 여겼습니다. 제비는 주로 음력 9월 9일 즈음 강남에 갔다가 3월 3일 즈음에 돌아오는데, 우리 조상은 홀수가 겹치는 날을 길일로 여겼습니다.

교과서 밖

一石二鳥
한 일 돌 석 두 이 새 조

일석이조

🟦 **뜻** **한 개의 돌로 두 마리 새를 잡음**

一石二鳥란 한 개의 돌로 두 마리의 새를 잡는다는 말로, 하나의 일로 두 가지 이득을 얻는 경우를 일컫습니다. "꿩 먹고 알 먹고", "도랑 치고 가재 잡고"와도 같은 뜻입니다.

 핵심한자 완성하기!

*정답 : 244쪽

(1) 우리 조상은 제비를 복과 재물을 가져다주는 <u>길조</u>(吉　　　)라고 여겼습니다.

(2) <u>일석이조</u>(一石二　　　)란 한 개의 돌로 두 마리의 새를 잡는다는 말입니다.

블록 한자

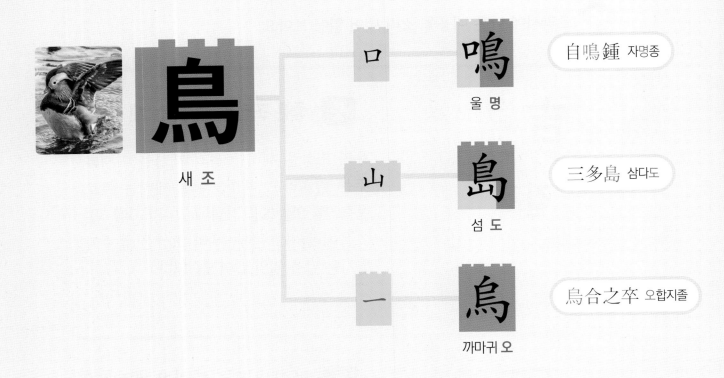

鳥
새 조

口 → 鳴
울 명 — 自鳴鍾 자명종

山 → 島
섬 도 — 三多島 삼다도

一 → 烏
까마귀 오 — 烏合之卒 오합지졸

* 自 스스로 자, 鍾 종 종, 多 많을 다, 合 합할 합, 之 어조사 지, 卒 군사 졸

울 명 `4급`

鳴

鳴울 명은 새의 모습에서 새의 부리를 강조하기 위해 口입 구를 붙여 쓴 것입니다. 새가 우는 모습을 특징적으로 표현하여 '울다, 부르다'는 뜻을 지닙니다.

 鳴 따라 쓰기

自鳴鍾   뜻   스스로 우는 종
자 명 종   예   새벽, 나는 목탁 소리가 아닌 自鳴鍾 소리에 잠에서 깨어야 했다.

鳴

鳴	鳴				
울 명					

섬 도 [5급]

鳥가 山뫼 산에 앉은 모습을 그린 글자가 島섬 도입니다. 새가 날아가다가 앉는 산이라는 뜻입니다.

島 따라 쓰기

三多島 [뜻] 세 가지가 많은 섬

삼 다 도 [예] 제주도는 돌, 바람, 여인이 많아 예로부터 三多島로 불렸다.

섬 도

까마귀 오 [3급]

鳥까마귀 오는 鳥에서 눈 부분[一]을 떼어 내고 그린 글자입니다. 몸이 까매서 눈이 잘 안 보이는 까마귀의 특징을 잡아낸 것이지요.

鳥 따라 쓰기

烏合之卒 [뜻] 까마귀가 모인 듯한 어수선한 군사들

오 합 지 졸 [예] 짐작한 대로 그들은 수만 많았지 烏合之卒에 불과했다.

까마귀 오

문제 풀기

1 네모칸에 알맞은 글자를 넣어 보아요.

鳥
새 조

☐鳥
울 명

☐鳥
섬 도

烏
까마귀 오

2 한자의 음과 뜻을 알맞게 이어 보아요.

(1) 鳥 ·   · 명 ·   · 울다

(2) 鳴 ·   · 도 ·   · 까마귀

(3) 島 ·   · 오 ·   · 새

(4) 烏 ·   · 조 ·   · 섬

3 빈칸에 알맞은 한자를 써 보아요.

(1) 우리 조상은 제비를 복과 재물을 가져다주는 길조(吉 ☐)라고 여겼습니다.

(2) 새벽, 나는 목탁 소리가 아닌 자명종(自 ☐ 鍾) 소리에 잠에서 깨어야 했다.

(3) 제주도는 돌, 바람, 여인이 많아 예로부터 삼다도(三多 ☐)로 불렸다.

(4) 짐작한 대로 그들은 수만 많았지 오합지졸(☐ 合之卒)에 불과했다.

4 내용을 소리 내어 읽고 한자를 한글로 써 보세요.

이 그림은
무엇일까?

5000

5000

▲ 강릉 烏竹헌
조선 시대의 학자인
이이가 태어난 방입니다.

*竹 대 죽
*국어 4

_____

5 열쇠의 뜻 풀이를 이용하여 가로 세로 단어 퍼즐을 완성해 보세요.

[가로열쇠 ①] 한 개의 돌로 두 마리 새를 잡음

[세로열쇠 ②] 좋은 조짐을 알려주는 새

6 QR코드를 찍어 영상을 본 후, 문제를 풀어 보아요.

새가
山에 앉았네

여기가
바로 섬!

음: _____   뜻: _____

관련 단어: _____

....

4급

벌레 충

蟲 알아 보기

옛 한 자

蟲(=虫)은 벌레의 모양을 본뜬 글자입니다. 원래 한자 蟲은 벌레 세 마리를 그려 벌레 떼가 꿈틀거리는 느낌을 주었으나, 요즈음은 간략하게 한 마리만 그려 虫벌레 훼, 벌레 충 으로도 많이 씁니다.

18획

`、 口 口 中 虫 虫 虫 虫 虫 虫`
`虫 虫 虫 蟲 蟲 蟲 蟲 蟲`

蟲 | 蟲 | 蟲 | 蟲

벌레 충

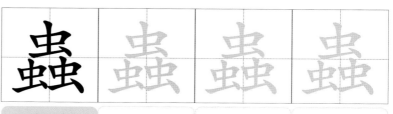

↖찍으면 획순 영상이 나옵니다.

16

교과서 핵심 단어

 교과서에 나온 내용을 소리 내어 읽어 보아요.

국어 4

草蟲圖
풀 초 벌레 충 그림 도
초충도

뜻 **풀과 벌레를 그린 그림**

草蟲圖는 여덟 폭으로 이루어진 병풍 작품입니다. 이 그림들은 섬세한 필체와 부드럽고 세련된 색감이 돋보이지요. 전체적으로 구도가 비슷합니다.

과학 5

蟲齒
벌레 충 이 치
충치

뜻 **벌레 먹은 이**

蟲齒가 생기는 까닭은 세균이 치아 표면을 썩게 하기 때문입니다. 세균은 매우 작아서 배율이 높은 현미경을 사용해야 관찰할 수 있습니다.

 교과서 속 형성평가!

*정답 : 244쪽

(1) 초충도 (草 □ 圖)는 여덟 폭으로 이루어진 병풍 작품입니다.

(2) 충치(□ 齒)가 생기는 까닭은 세균이 치아 표면을 썩게 하기 때문입니다.

블록한자

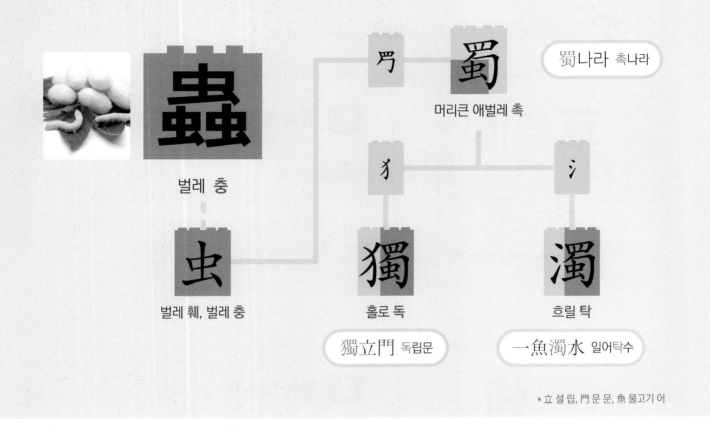

蟲
벌레 충

虫
벌레 훼, 벌레 충

罒 → 蜀
머리큰 애벌레 촉

蜀나라 촉나라

犭 → 獨
홀로 독

氵 → 濁
흐릴 탁

獨立門 독립문

一魚濁水 일어탁수

*立 설 립, 門 문 문, 魚 물고기 어

蜀

머리큰 애벌레 촉 `1급`

罒은 머리가 큰 애벌레의 모습을 본뜬 글자로 원래 ℓ처럼 벌레와 꼭 닮은 모습이었는데 나중에 지금의 모습인 罒으로 변하였습니다. 여기에 벌레의 뜻을 확실히 나타내기 위해 虫을 덧붙임으로써 蜀머리큰 애벌레 촉이 되었습니다.

蜀나라
촉 나 라

뜻 촉나라, 삼국지에서 유비의 나라

예 삼국지에서 유비, 관우, 장비의 蜀나라가 가장 인기가 많지 않을까?

蜀　蜀

머리큰 애벌레 촉

홀로 독　5급

蜀에 犭개 견을 붙이면 개의 단독 생활을 뜻하는 獨홀로 독이 됩니다. 여기서 蜀은 '촉→독' 으로의 발음 역할만 합니다.

獨立門　뜻　홀로 섬[독립]의 염원을 기념한 문
독 립 문　예　독립 협회는 영은문을 헐고 그 자리에 獨立門을 세웠다.

홀로 독

흐릴 탁　3급

蜀에 氵물 수를 붙이면 흐린 물을 표현한 濁흐릴 탁이 됩니다. 벌레가 살 정도로 물이 탁하다는 데에서 '흐리다, 더럽다'라는 뜻이 나왔다고 생각하면 쉽습니다.

一魚濁水　뜻　한 마리의 물고기가 물을 흐림
일 어 탁 수　예　一魚濁水는 속담의 '미꾸라지 한 마리가 온 물을 흐린다'와 같다.

 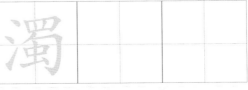

흐릴 탁

문제 풀기

1 네모칸에 알맞은 글자를 넣어 보아요.

虫	虫	☐蜀	☐蜀
벌레 충	머리큰 애벌레 촉	홀로 독	흐릴 탁

2 한자의 음과 뜻을 알맞게 이어 보아요.

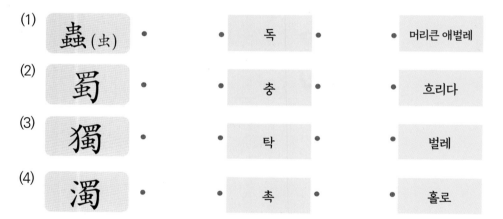

(1) 蟲(虫) •

(2) 蜀 •

(3) 獨 •

(4) 濁 •

• 독 •

• 충 •

• 탁 •

• 촉 •

• 머리큰 애벌레

• 흐리다

• 벌레

• 홀로

3 빈칸에 알맞은 한자를 써 보아요.

(1) 충치(☐齒)가 생기는 까닭은 세균이 치아 표면을 썩게 하기 때문입니다.

(2) 삼국지에서 유비의 촉(☐)나라가 가장 인기가 많지 않을까?

(3) 독립 협회는 청나라의 사신을 맞이하던 영은문을 헐고 그 자리에 독립문(☐立門)을 세웠다.

(4) 일어탁수(一魚☐水)는 우리 속담의 '미꾸라지 한 마리가 온 물을 흐린다'와 같다.

4 내용을 소리 내어 읽고 한자를 한글로 써 보세요.

〈草蟲圖〉의 아래쪽에는 큼지막한 수박 두 개가 있습니다. 뻗어 나간 줄기 위에 나비 두 마리가 예쁘고 우아하게 날갯짓을 하고 있네요. 큰 수박 오른쪽에는 패랭이꽃 한 그루가 조용히 피어 있습니다.

*국어 4

신사임당의 〈草蟲圖〉

_____

5 열쇠의 뜻 풀이를 이용하여 가로 세로 단어 퍼즐을 완성해 보세요.

[가로열쇠 ①] 풀과 벌레를 그린 그림

[세로열쇠 ②] 벌레 먹은 이

6 QR코드를 찍어 영상을 본 후, 문제를 풀어 보아요.

애벌레 머리가 크네

꾸물꾸물

음: _____ 뜻: _____

관련 단어: _____

_____

한자성어

일석이조 (一石二鳥)

한 개의 돌로 두 마리 새를 잡음, 한 가지 일로 여러 가지 이득이 있음.

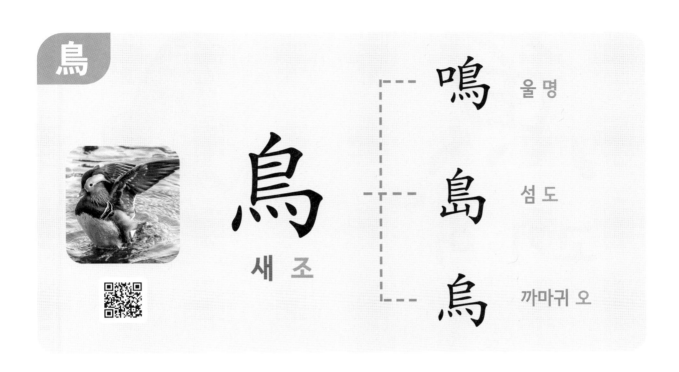

鳥

鳥
새 조

鳴 울 명

島 섬 도

烏 까마귀 오

蟲

虫
벌레 충
[蟲=虫]

蜀 머리큰 애벌레 촉

獨 홀로 독

濁 흐릴 탁

핵심 한자

魚
5급
고기 어

魚 알아보기

옛한자

魚는 물고기의 모양을 본뜬 글자입니다. 첫 두 획은 머리, 田은 몸통, ⺣는 꼬리가 갈라진 모양을 나타냅니다.

魚 따라 쓰기

11획   ノ ⺈ ⺈ ⺈ ⺈ 魚 魚 魚 魚
魚

고기 어

↳찍으면 획순 영상이 나옵니다.

24

교과서에 나온 내용을 소리 내어 읽어 보아요.

사회 3

文魚
글월 문 고기 어
문어

뜻 글의 물고기, 먹물을 뿜는 물고기

"가을이라 맛있는 전어도 식탁에 올라
왔구나." "바다가 있는 고장에 살아서
이렇게 신선한 해산물을 먹을 수 있네요."
"와, 내가 좋아하는 文魚 숙회예요!"

국어 4

廣魚
넓을 광 고기 어
광어

뜻 넓적하게 생긴 물고기

廣魚[넓적가자미]의 꿈풀이를 듣던 멸치
대왕은 화가 나 얼굴이 점점 붉어졌지.
꿈풀이를 다 듣고 난 뒤 멸치 대왕은 너
무나도 화가 나 廣魚[넓적가자미]의 뺨을
때렸어.

 교과서 속 형성평가 !

*정답 : 244쪽

(1) 와, 내가 좋아하는 문어 (文 ☐)숙회예요!

(2) 멸치대왕은 화가 나 광어(廣 ☐)의 뺨을 때렸습니다.

블록 한자

魚
고기 어

> シ → 漁
> 고기잡을 어
> 漁村 어촌

> 日 → 魯
> 둔할 노
> 魯山君 노산군

> 羊 → 鮮
> 신선할 선
> 生鮮 생선

*村 마을 촌, 君 임금 군, 生 날 생

고기잡을 어 _{5급}

魚에 シ물 수를 붙이면 漁고기잡을 어가 됩니다. 물고기를 잡을 때 물고기가 파닥이며 튀기는 물방울을 강조한 것입니다.

漁 따라 쓰기

漁村
어 촌

뜻 고기잡이들이 모여 사는 마을

예 바다를 이용하여 생산 활동을 하는 곳을 漁村이라고 합니다.

漁	漁			
고기잡을 어				

둔할 노 [1급]

魚 아래에 日해 일을 함께 쓰면 魯둔할 노가 됩니다. 물고기가 땅으로 끌려 나와 햇빛에 놓여 있어 움직임이 '둔하다'는 뜻입니다.

 魯 따라 쓰기

魯山君 [뜻] 단종, 조선 6대 왕
노 산 군 [예] 단종은 세조에게 왕위를 빼앗기고 魯山君으로 격하되었다.

둔할 노

신선할 선 [5급]

魚에 羊양 양을 함께 쓰면 鮮신선할 선이 됩니다. 물고기도, 양고기도 모두 신선함이 유지되어야 한다는 뜻입니다.

 鮮 따라 쓰기

生鮮 [뜻] 날 것의 신선한 물고기
생 선 [예] 오실 때 生鮮 두 마리만 사 오세요.

신선할 선

문제 풀기

1 네모칸에 알맞은 글자를 넣어 보아요.

魚
고기 어

□魚
고기잡을 어

魚
둔할 노

魚□
신선할 선

2 한자의 음과 뜻을 알맞게 이어 보아요.

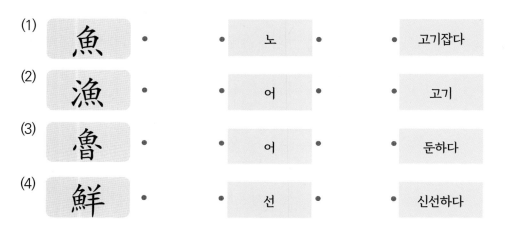

(1) 魚 ·   · 노 ·   · 고기잡다

(2) 漁 ·   · 어 ·   · 고기

(3) 魯 ·   · 어 ·   · 둔하다

(4) 鮮 ·   · 선 ·   · 신선하다

3 빈칸에 알맞은 한자를 써 보아요.

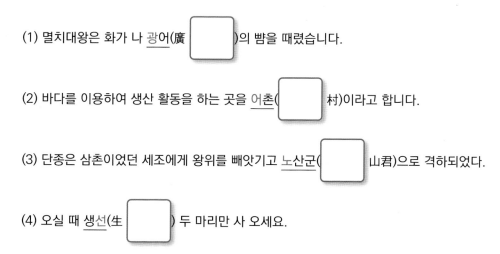

(1) 멸치대왕은 화가 나 광어(廣 □)의 뺨을 때렸습니다.

(2) 바다를 이용하여 생산 활동을 하는 곳을 어촌(□ 村)이라고 합니다.

(3) 단종은 삼촌이었던 세조에게 왕위를 빼앗기고 노산군(□ 山君)으로 격하되었다.

(4) 오실 때 생선(生 □) 두 마리만 사 오세요.

4 내용을 소리 내어 읽고 한자를 한글로 써 보세요.

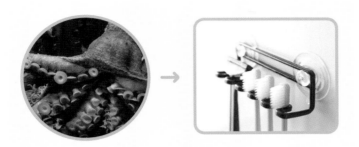

〈文魚 빨판의 특징을 활용한 칫솔걸이〉

*과학 3 _____

5 열쇠의 뜻 풀이를 이용하여 가로 세로 단어 퍼즐을 완성해 보세요.

[가로열쇠 ①] 글의 물고기, 먹물을 뿜는 물고기

[세로열쇠 ②] 넓적하게 생긴 물고기

6 QR코드를 찍어 영상을 본 후, 문제를 풀어 보아요.

음: _____   뜻: _____

관련 단어: _____

_____

貝
3급
조개 패

貝 알아보기

 옛한자

貝는 길쭉한 타원형의 조개 형태를 네모로 만들고 그 아래는 조개의 두 발을 그린 글자입니다. 옛날에는 은은한 빛깔이 감도는 조개들을 화폐로 사용하였기 때문에 한자에서 貝가 들어가는 글자는 '돈'과 관련된 경우가 많습니다.

貝 따라 쓰기

貝　貝　貝　貝

조개 패

7획 丨 冂 冂 冃 目 貝 貝

└─ 찍으면 획순 영상이 나옵니다.

교과서에 나온 내용을 소리 내어 읽어 보아요.

사회 4

子安貝
아들 자 편안할 안 조개 패

자안패

뜻 **조개의 이름**
자식을 편하게 낳게 한다는 속설이 있음

최초의 돈은 조개껍데기였어요. 이 조개는 우리가 흔히 볼 수 있는 그런 조개가 아니라 더운 지방에서만 나는 '子安貝'라는 귀한 조개였어요.

국어 6

魚貝類
고기 어 조개 패 무리 류

어패류

뜻 **물고기와 조개 종류**

삼국시대부터 발달한 염장 기술로 고기류와 魚貝類를 오랫동안 보관해 맛있게 먹을 수 있도록 했습니다.

 교과서 속 형성평가 !

*정답 : 244쪽

(1) 더운 지방에서만 나는 '자안패(子安 ☐)'라는 귀한 조개였어요.

(2) 염장 기술로 고기류와 어패류 (魚 ☐ 類)를 오랫동안 보관해 맛있게 먹었습니다.

블록 한자

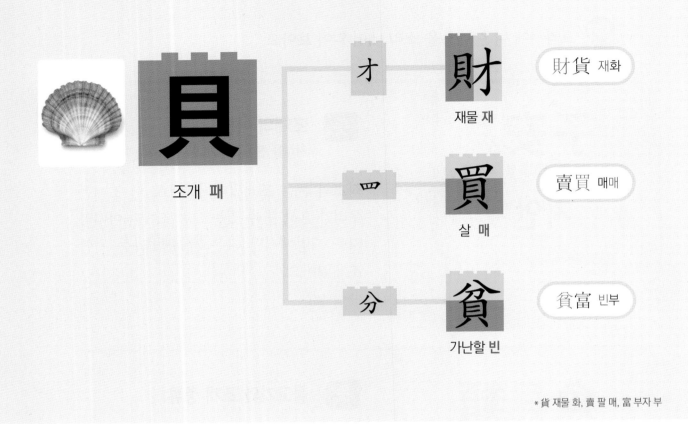

조개 패

才 → 財 재물 재 → 財貨 재화

四 → 買 살 매 → 賣買 매매

分 → 貧 가난할 빈 → 貧富 빈부

*貨 재물 화, 賣 팔 매, 富 부자 부

財

재물 재

貝가 들어간 글자는 대부분 '돈'과 관계됩니다. 貝에 才재주 재를 붙이면 財재물 재가 됩니다. 財貨재화 등의 단어에 쓰입니다.

財貨
재 화

뜻 | 재물과 돈
예 | 세상의 財貨는 한정되어 있는 반면 인간의 욕망은 무한하다.

財	財				
재물 재					

살 매 `5급`

罒그물 망을 貝 위에 쓰면 買살 매가 됩니다. 돈이 될 만한 물건들을 그물질하듯이 끌어들인다는 의미에서 '사다'는 뜻을 가집니다.

賣買

매 매

뜻	팔고 삼
예	요새 토지의 賣買는 없지만 평당 백 원이면 너무 헐값이란 말이다.

살 매

가난할 빈 `4급`

貝와 分나눌 분을 함께 쓰면 貧가난할 빈이 됩니다. 돈을 나눈 것이니 가난해지는 것은 당연한 결과겠지요. 貧富빈부 등의 단어를 만듭니다.

貧富

빈 부

뜻	가난함과 부유함
예	현대 사회에서 시급한 과제는 貧富의 불균형을 줄이는 일이다.

가난할 빈

문제 풀기

1 네모칸에 알맞은 글자를 넣어 보아요.

貝
조개 패

貝□
재물 재

□
貝
살 매

□
貝
가난할 빈

2 한자의 음과 뜻을 알맞게 이어 보아요.

(1) 貝 · · 빈 · · 가난하다

(2) 財 · · 패 · · 사다

(3) 買 · · 매 · · 조개

(4) 貧 · · 재 · · 재물

3 빈칸에 알맞은 한자를 써 보아요.

(1) 염장 기술로 고기류와 <u>어패류</u> (魚 □ 類)를 오랫동안 보관해 맛있게 먹었습니다.

(2) 세상의 <u>재화</u>(□ 貨)는 한정되어 있는 반면 인간의 욕망은 무한하다.

(3) 요새 토지의 <u>매매</u>(賣 □)는 없지만 평당 백 원이면 너무 헐값이란 말이다.

(4) 현대 사회에서 가장 시급한 과제는 <u>빈부</u>(□ 富)의 불균형을 줄이는 일이다.

4 내용을 소리 내어 읽고 한자를 한글로 써 보세요.

> 최초의 돈은 조개껍데기예요. '얘개, 그 흔한 조개껍데기를 돈으로 사용했단 말이야?'라고 생각하겠죠? 하지만 이 조개는 우리가 흔히 볼 수 있는 그런 조개가 아니라 더운 지방에서만 나는 子安貝라는 귀한 조개였어요.
>
> *사회 4

5 열쇠의 뜻 풀이를 이용하여 가로 세로 단어 퍼즐을 완성해 보세요.

[가로열쇠 ①] 물고기와 조개 종류

[세로열쇠 ②] 조개의 이름, 자식을 편하게 낳는다는 속설이 있음

6 QR코드를 찍어 영상을 본 후, 문제를 풀어 보아요.

음: _____ 뜻: _____

관련 단어: _____

만화로 배우는
한자성어

> ## 일어탁수
> ## (一魚濁水)

한 마리 물고기가 물을 흐림.

우리 반은 평균 성적이 제법 괜찮은 편이었다.

새 친구가 전학 왔어요. 다들 사이좋게 지냅시다~!

라리

이 녀석이 오기 전까지는 말이다.

너 뭐하냐? 숙제?

이따 제출해야 하는 숙제인데, 깜빡해서...

숙제 그까짓 거, 안 해도 큰일 안 나.

제껴버려!

악마의 속삭임

음... 그럴까?

그렇게...

PC방 갈까?

우리 학원 있는데...

뭐 어때, 한 번쯤 빠져도 괜찮아!

라리는 반 아이들을 하나 둘씩 물들이기 시작했고,

야, 너는 안 놀 거냐?

공부 뭐가 그렇게 중요하다고.

뭐야... 방해할 거면 저리 가.

물론 모두가 물들지는 않았으나...

그래도 결국은...

일어탁수
一魚濁水
라고 했던가?

"라리"라는 한 마리 물고기가 우리 반 분위기를 흐려놨네.

라리야 악 어제도 오늘도 청소당번 특 라리와 친구들 숙제 안녕 히리라 etc

선생님도 쓰러지기 일보직전이고 말이야.

얘들아... 그래,

건강만 하자...

우리말로는 "미꾸라지 한 마리가 온 웅덩이를 흐린다" 고 하지….

블록한자

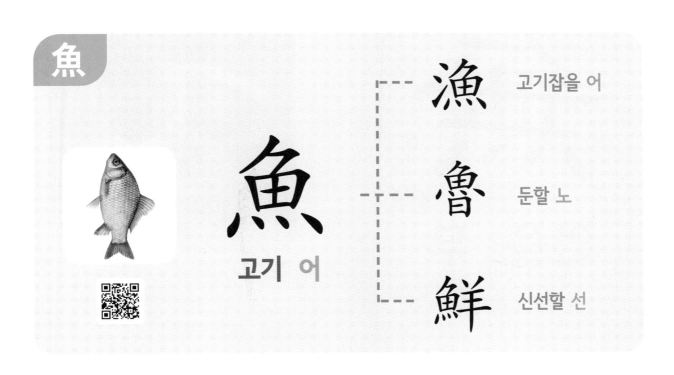

魚

魚
고기 어

漁 고기잡을 어

魯 둔할 노

鮮 신선할 선

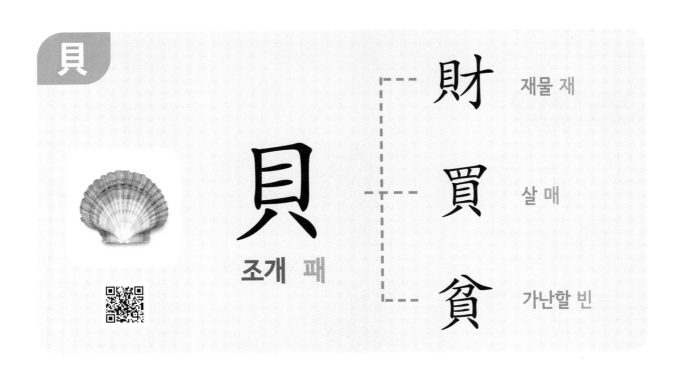

貝

貝
조개 패

財 재물 재

買 살 매

貧 가난할 빈

無

5급

없을 무

無 알아 보기

옛한자

옛글자의 無는 두 손에 무언가를 들고 있는 사람의 모습입니다. 학자들은 그것을 춤 추는 사람의 모습으로 생각하고 있습니다. 이 글자에 '없다'라는 뜻이 들어가자 아래 에 舛발어긋날 천을 넣은 舞춤출 무자를 만들어 사용하고 있습니다.

無 따라 쓰기

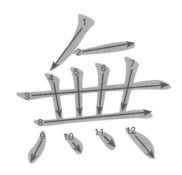

無 無 無

없을 무

12획 ノ ヒ ヒ ゲ 缶 缶 無 無 無 無 無 無

↑찍으면 획순 영상이 나옵니다.

교과서 핵심 단어

 교과서에 나온 내용을 소리 내어 읽어 보아요.

국어 3

無心
없을 무   마음 심
무심

뜻 생각하는 마음이 없음

우리는 지구를 깨끗이 하려고 노력해야 합니다. 왜냐하면 지구는 앞으로도 우리가 살아갈 터전이기 때문입니다. 그런데 우리가 한 번 쓰고 난 뒤에 無心코 버리는 일회용품은 지구를 병들게 합니다.

사회 5

無理
없을 무   다스릴 리
무리

뜻 이치가 없음

새로이 들어선 명은 고려에 북쪽 땅의 일부를 내어놓으라는 無理한 요구를 해왔다. 고려는 이성계로 하여금 요동지역을 공격하게 했다.

 교과서 속 형성평가!

*정답 : 244쪽

(1) 우리가 한 번 쓰고 난 뒤에 무심(　　心)코 버리는 일회용품은 지구를 병들게 합니다.

(2) 새로이 들어선 명은 고려에 북쪽 땅의 일부를 내어놓으라는 무리(　　理)한 요구를 해왔다

無
없을 무

舛 → 舞
춤출 무

舞臺 무대

才 撫
어루만질 무

撫摩 무마

艹 蕪
황무지 무

荒蕪地 황무지

*臺 높은터 대, 摩 문지를 마, 荒 거칠 황, 地 땅 지

舞

춤출 무 4급

無의 아랫부분을 지우고 두 발의 스텝을 뜻하는 舛어지러울 천을 넣으면 舞춤출 무가 됩니다. 두 발의 움직임을 강조하여 춤추는 모습을 표현한 것입니다.

舞 따라 쓰기

舞臺　뜻　춤추는 터
무　대　예　내가 맡은 역할에 맞게 연극 舞臺를 잘 준비했다.

舞

춤출 무

어루만질 무 1급

無 앞에 扌손 수를 붙이면 撫어루만질 무가 됩니다. 손동작을 강조한 글자로 '어루만지다, 누르다, 쥐다'는 뜻을 지닙니다. 손으로 문지르면 통증도 근심도 없어지죠? 그래서 無를 쓴 것입니다.

 撫 따라 쓰기

撫摩 뜻 어루만지고 문지름

무 마 예 시장은 일이 커지지 않도록 사건을 撫摩하여 처리했다.

어루만질 무

황무지 무 1급

無 위에 ++풀 초를 쓴 蕪황무지 무는 풀이 없는 거친 땅이라는 뜻입니다. 황무지라는 단어에만 쓰입니다.

 蕪 따라 쓰기

荒蕪地 뜻 황폐하고 거친 땅

황 무 지 예 손을 대어 거두지 않고 내버려 두어 거칠어진 땅을 荒蕪地라고 한다.

황무지 무

1 네모칸에 알맞은 글자를 넣어 보아요.

無
없을 무

無
춤출 무

無
어루만질 무

無
황무지 무

2 한자의 음과 뜻을 알맞게 이어 보아요.

(1) 無 · · 무 · 황무지

(2) 舞 · · 무 · 어루만지다

(3) 撫 · · 무 · 춤추다

(4) 蕪 · · 무 · 없다

3 빈칸에 알맞은 한자를 써 보아요.

(1) 우리가 한 번 쓰고 난 뒤에 무심(☐心)코 버리는 일회용품은 지구를 병들게 합니다.

(2) 내가 맡은 역할에 맞게 연극 무대(☐臺)를 잘 준비했다.

(3) 시장은 일이 커지지 않도록 사건을 무마(☐摩)하여 처리했다.

(4) 손을 대어 거두지 않고 내버려 두어 거칠어진 땅을 황무지(荒☐地)라고 한다.

4 내용을 소리 내어 읽고 한자를 한글로 써 보세요.

> 보행 신호가 초록색으로 바뀌지도 않았는데 보행자가 無理하게 길을 건너면 사고를 당할 수 있다.

*국어 5

_____

5 열쇠의 뜻 풀이를 이용하여 가로 세로 단어 퍼즐을 완성해 보세요.

[가로열쇠 ①] 생각하는 마음이 없음

[세로열쇠 ①] 이치가 없음

6 QR코드를 찍어 영상을 본 후, 문제를 풀어 보아요.

음: _____   뜻: _____

관련 단어: _____

_____

谷

골짜기 곡

3급

谷 알아 보기

옛한자

谷은 산골짜기의 모습을 그린 글자입니다. 첫 네 획은 산등성이를 그린 것이고, 마지막 口는 골짜기 입구를 표현한 것입니다.

谷 따라 쓰기

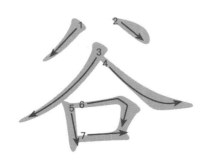

7획　ノ ハ ハ グ グ 父 谷 谷

골짜기 곡

↑ 찍으면 획순 영상이 나옵니다.

44

교과서 핵심 단어

 교과서에 나온 내용을 소리 내어 읽어 보아요.

과학 3

溪谷
시내 계 골짜기 곡

계곡

뜻 시내가 흐르는 골짜기

지구 표면에서는 다양한 모습을 볼 수 있습니다. 우리나라에서는 산, 들, 강, 溪谷, 호수, 갯벌, 바다 등 여러 모습을 볼 수 있습니다.

사회 5

栗谷
밤 율 골짜기 곡

율곡

뜻 밤나무가 자라는 골짜기, 이이의 호

신사임당은 유교 경전을 공부하고 글과 시를 잘 썼으며, 그림도 잘 그렸다. 또한 신사임당의 자녀 중 栗谷 이이는 퇴계 이황과 함께 조선 시대를 대표하는 학자가 되었다.

교과서 <속> 형성평가 !

*정답 : 244쪽

(1) 우리나라에서는 산, 들, 강, 계곡(溪 ☐), 호수, 갯벌, 바다 등 여러 모습을 볼 수 있습니다.

(2) 신사임당의 자녀 중 율곡(栗 ☐)이이는 퇴계 이황과 함께 조선 시대를 대표하는 학자가 되었다.

블록한자

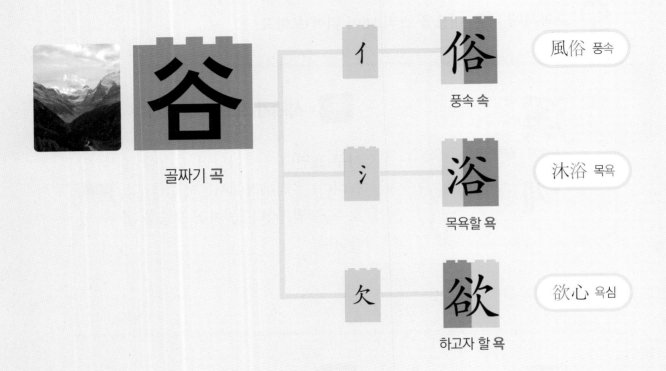

谷
골짜기 곡

亻 → 俗
풍속 속

風俗 풍속

氵 → 浴
목욕할 욕

沐浴 목욕

欠 → 欲
하고자 할 욕

欲心 욕심

*風 바람 풍, 沐 목욕할 목, 心 마음 심

풍속 속 　4급

俗

옛날에는 골짜기 입구에 사람들이 많이 모여 살았습니다. 그런 상황을 나타낸 글자가 谷에 亻사람 인을 붙인 俗풍속 속입니다. 글자에서 골짜기의 사람이 보이죠?

風俗
풍 속

뜻 　유행하는 민속

예 　단오에는 창포물에 머리를 감는 風俗도 있었습니다.

풍속 속

46

목욕할 욕 `5급`

谷에 氵물 수를 넣은 浴목욕할 욕은 계곡물에서 목욕하는 모습을 나타낸 글자입니다. 글자에 들어 있는 氵가 마치 목욕하면서 물방울이 튀는 듯이 느껴집니다.

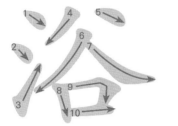

沐浴
목 욕

| 뜻 | 목욕 |
| 예 | 화산재는 沐浴용품, 화장품 등을 만드는 재료로 활용됩니다. |

목욕할 욕

하고자 할 욕 `3급`

谷에 欠하품 흠을 붙인 欲하고자 할 욕은 텅빈 골짜기에서 하품을 하며 크게 기지개를 켜는 모습을 나타낸 글자입니다. 어떤 의욕이 생겨남을 뜻합니다.

欲心
욕 심

| 뜻 | 하고자 하는 마음 |
| 예 | 이런 欲心쟁이 영감, 어디 한번 당해 봐라! |

하고자 할 욕

문제 풀기

1 네모칸에 알맞은 글자를 넣어 보아요.

谷	☐谷	☐谷	谷☐
골짜기 곡	풍속 속	목욕할 욕	하고자 할 욕

2 한자의 음과 뜻을 알맞게 이어 보아요.

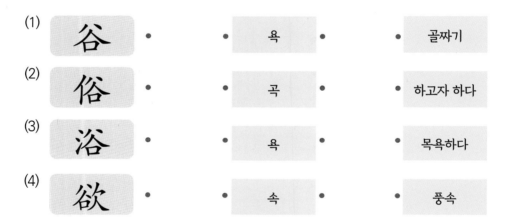

(1) 谷 ・　・ 욕 ・　・ 골짜기

(2) 俗 ・　・ 곡 ・　・ 하고자 하다

(3) 浴 ・　・ 욕 ・　・ 목욕하다

(4) 欲 ・　・ 속 ・　・ 풍속

3 빈칸에 알맞은 한자를 써 보아요.

(1) 우리나라에서는 산, 들, 강, 계곡(溪 ☐)호수, 갯벌, 바다 등 여러 모습을 볼 수 있습니다.

(2) 단오에는 창포물에 머리를 감는 풍속(風 ☐)도 있었습니다.

(3) 화산재는 목욕(沐 ☐)용품, 화장품 등을 만드는 재료로 활용됩니다.

(4) 이런 욕심(☐ 心)쟁이 영감, 어디 한번 당해 봐라!

4 내용을 소리 내어 읽고 한자를 한글로 써 보세요.

복날에는 더위를 피해 시원한 溪谷이나 산으로 놀러 가는 풍속이 있었습니다.

*사회 3

....

5 열쇠의 뜻 풀이를 이용하여 가로 세로 단어 퍼즐을 완성해 보세요.

[가로열쇠 ①] 시내가 흐르는 골짜기

[세로열쇠 ②] 밤나무가 자라는 골짜기, 이이의 호

6 QR코드를 찍어 영상을 본 후, 문제를 풀어 보아요.

목욕물이 콸콸콸

최고야

음: .... 뜻: ....

관련 단어: ....

....

만화로 배우는
한자성어

> **허무맹랑**
> (虛無孟浪)

허무하고 맹랑함, 허무는 텅 비어 아무것도 없음, 맹랑은 엉터리에
터무니없음. [텅빌 虛, 맏이·엉터리 孟, 물결·터무니없을 浪]

50

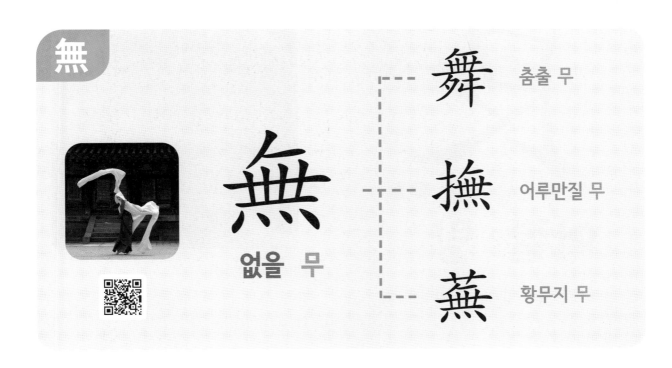

無 없을 무

舞 춤출 무
撫 어루만질 무
蕪 황무지 무

谷 골짜기 곡

俗 풍속 속
浴 목욕할 욕
欲 하고자 할 욕

5급

어질 량

良 알아보기

옛한자

良은 어질다는 뜻을 지니고 있습니다. 옛 글자를 보면 곤경에 처한 사람에게 물병을 내려주는 모습을 하고 있습니다. '착하다, 좋다'는 뜻을 기본적으로 가집니다.

良 따라 쓰기

7획   ` ㄱ ㅋ ㅋ 皀 皀 良

어질 량

↖ 찍으면 획순 영상이 나옵니다.

교과서 핵심 단어

 교과서에 나온 내용을 소리 내어 읽어 보아요.

사회 6

良心
어질 량 마음 심
양심

뜻 좋은 마음

법을 지키지 않았을 때 제재를 받는다는 점에서 사람들이 자율적으로 지키는 도덕 등과 구별된다. 도덕은 사회의 구성원들이 良心 등에 비추어 스스로 마땅히 지켜야 할 모든 규범을 말한다.

국어 6

不良食品
아니 불 어질 량 먹을 식 물건 품
불량식품

뜻 좋지 않은 식품

여러분, 不良食品을 먹지 맙시다. 不良食品에는 유통기한은 언제까지인지 정확히 적혀 있지 않습니다. 不良食品을 먹으면 해로운 물질이 몸에 들어가 병에 걸리기 쉽습니다.

 교과서 속 형성평가!

*정답 : 244쪽

(1) 도덕은 사회의 구성원들이 양심(□心) 등에 비추어 스스로 지켜야 할 규범이다.

(2) 여러분, 불량식품(不□食品)을 먹지 맙시다.

블록 한자

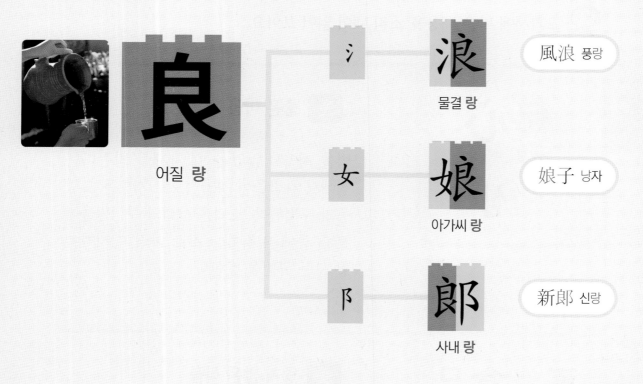

良
어질 량

氵 → 浪 물결 랑 → 風浪 풍랑

女 → 娘 아가씨 랑 → 娘子 낭자

阝 → 郎 사내 랑 → 新郎 신랑

*風 바람 풍, 新 새로울 신

물결 랑　3급

良에 氵물 수를 붙인 浪물결 랑은 물결이란 뜻입니다. 良은 발음기호의 역할을 할 뿐이지만, 파도가 일렁거리는 모습이 아름다워서 사용한 것으로 보면 어떨까요?

風浪
풍 랑

뜻　바람과 물결

예　연일 거센 風浪이 계속되자 배들은 항구에 꽁꽁 묶여 있었다.

浪　浪

물결 랑

娘 아가씨 랑 3급

良에 女여자 녀를 붙인 娘아가씨 랑은 아가씨라는 뜻입니다. 이 글자 역시 良은 발음 역할을 하지만 선량한 여인을 표현한 것으로 보아도 좋겠습니다.

娘子
낭 자

뜻 아가씨를 높여 부르던 말

예 娘子, 목이 몹시 마르니 물 한 바가지만 주오.

아가씨 랑

郎 사내 랑 3급

良에 阝고을 읍를 붙인 郎사내 랑은 사나이라는 뜻입니다. 良을 넣어 한 마을을 다스리는 선량한 사나이를 표현한 것입니다.

新郎
신 랑

뜻 갓 결혼한 남자

예 결혼하는 날 新郎은 말을 타고 신부의 집으로 갑니다.

사내 랑

문제 풀기

1 네모칸에 알맞은 글자를 넣어 보아요.

良
어질 량

☐良
물결 랑

☐良
아가씨 랑

良☐
사내 랑

2 한자의 음과 뜻을 알맞게 이어 보아요.

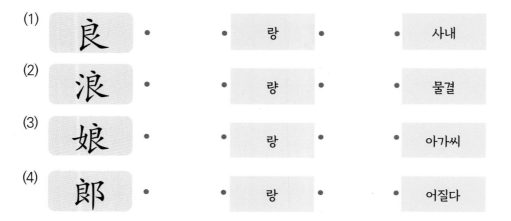

(1) 良 · · 랑 · · 사내

(2) 浪 · · 량 · · 물결

(3) 娘 · · 랑 · · 아가씨

(4) 郎 · · 랑 · · 어질다

3 빈칸에 알맞은 한자를 써 보아요.

(1) 도덕은 사회의 구성원들이 양심(☐心) 등에 비추어 스스로 지켜야 할 규범이다.

(2) 연일 거센 풍랑(風☐)이 계속되자 배들은 항구에 꽁꽁 묶여 있었다.

(3) 낭자(☐子), 목이 몹시 마르니 물 한 바가지만 주오.

(4) 결혼하는 날 신랑(新☐)은 말을 타고 신부의 집으로 갑니다.

4 내용을 소리 내어 읽고 한자를 한글로 써 보세요.

불법 다운로드, 우리의 良心 도 사라집니다.

* 국어 5 _____

5 열쇠의 뜻 풀이를 이용하여 가로 세로 단어 퍼즐을 완성해 보세요.

[가로열쇠 ①] 좋지 않은 식품

[세로열쇠 ②] 좋은 마음

6 QR코드를 찍어 영상을 본 후, 문제를 풀어 보아요.

낭만적이야~

물결이 넘실넘실

음: _____ 뜻: _____

관련 단어: _____

_____

핵심 한자

奴 [3급]

종 노

奴 알아보기

옛한자 **ㄐㅋ**

奴는 女여자 녀와 又또 우가 합쳐진 글자입니다. 又는 원래 사람의 손을 표현한 글자인데, 奴는 여인의 손을 표현하여 '종'이라는 뜻을 지니게 됩니다. 종은 손이 늘 묶여 있는 상태라는 뜻이겠죠?

奴 따라 쓰기

5획 ㄥ 乆 女 女 奴

| 奴 | 奴 | 奴 | 奴 |

종 노

↑ 찍으면 획순 영상이 나옵니다.

58

교과서에 나온 내용을 소리 내어 읽어 보아요.

국어 6

奴婢
종 노 계집종 비
노비

🔲 뜻 **사내종과 여종**

홍길동의 아버지는 판서에 오른 양반이었으나 어머니는 奴婢였다. 어려서부터 비범하고 총명함이 남달랐던 길동이지만 어머니가 천한 신분이었기에 벼슬길에 오를 수 없었다.

사회 6

奴隸
종 노 종 예
노예

🔲 뜻 **부림을 당하는 종**

나에게는 꿈이 있습니다. 奴隸의 후손과 奴隸 주인의 후손이 형제처럼 식탁에 나란히 함께 앉는 꿈입니다. 내 아이들이 피부색이 아니라 인격으로 평가받는 나라에서 사는 꿈입니다.

 교과서 ⟵속⟶ ✓ 형성평가!

*정답 : 244쪽

(1) 홍길동의 아버지는 판서에 오른 양반이었으나 어머니는 노비(☐婢)였다.

(2) 노예(☐隸)의 후손과 노예(☐隸) 주인의 후손이 형제처럼 식탁에 나란히 함께 앉는 꿈입니다.

종 노

力 努 애쓸 노 努力 노력

心 怒 화날 노 忿怒 분노

馬 駑 둔한 말 노 駑馬十駕 노마십가

* 力 힘 력, 忿 성낼 분, 馬 말 마, 十 열 십, 駕 멍에 가

애쓸 노 4급

奴에 力힘 력을 붙인 努애쓸 노는 노비처럼 애를 써서 노력하는 모습을 나타낸 글자입니다. 현대어에서는 努力노력에만 쓰입니다.

 努 따라 쓰기

努力

노 력

뜻 애쓰는 힘

예 멸종 위기 동물을 구하려면 어떤 努力을 해야 할까?

努	努				
애쓸 노					

怒

화날 노 4급

奴에 心마음 심을 붙인 怒화날 노는 노비의 마음 속에 담긴 심정을 나타내는 말입니다. 종으로 살다보면 마음속에는 화가 가득 차 있었겠지요? 그것을 나타낸 것이라 생각하면 쉽습니다.

 怒 따라 쓰기

忿怒   뜻 분하고 화남
분 노   예 忿怒한 시민들은 시민군을 만들어 군인들에게 대항했다.

화날 노

驽

둔한 말 노 1급

奴에 馬말 마를 붙인 駑둔한 말 노는 노예처럼 부려지는 말을 뜻하는 말입니다. 駑馬十駕 노마십가란 고사성어가 있는데, "천리마는 하루에 천 리를 달리지만, 걸음이 느린 둔한 말도 열흘을 달리면 또한 천 리에 이를 수 있다."는 뜻입니다.

 駑 따라 쓰기

駑馬十駕   뜻 둔한 말도 열흘 동안 수레를 끌 수 있음
노 마 십 가   예 駑馬十駕는 성실함이 사람을 성공으로 이끈다는 교훈을 담고 있다.

둔한 말 노

1 네모칸에 알맞은 글자를 넣어 보아요.

奴
종 노

奴
애쓸 노

奴
화날 노

奴
둔한 말 노

2 한자의 음과 뜻을 알맞게 이어 보아요.

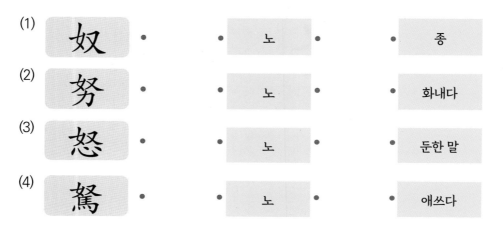

(1) 奴 · · 노 · · 종

(2) 努 · · 노 · · 화내다

(3) 怒 · · 노 · · 둔한 말

(4) 駑 · · 노 · · 애쓰다

3 빈칸에 알맞은 한자를 써 보아요.

(1) 홍길동의 아버지는 판서에 오른 양반이었으나 어머니는 <u>노비</u>(⬚婢)였다.

(2) 멸종 위기 동물을 구하려면 어떤 <u>노력</u>(⬚力)을 해야 할까?

(3) <u>분노</u>(忿⬚)한 시민들은 시민군을 만들어 군인들에게 대항했다.

(4) <u>노마십가</u>(⬚馬十駕)는 성실함이 사람을 성공으로 이끈다는 교훈을 담고 있다.

4 내용을 소리 내어 읽고 한자를 한글로 써 보세요.

> 장영실은 동래현에 소속된 奴婢였습니다. 그런데 물건을 만드는 재주가 뛰어나다는 소문이 한양까지 퍼지게 되었습니다.

* 국어 4

_____

5 열쇠의 뜻 풀이를 이용하여 가로 세로 단어 퍼즐을 완성해 보세요.

[가로열쇠 ①] 부림을 당하는 종

[세로열쇠 ①] 사내종과 여종

6 QR코드를 찍어 영상을 본 후, 문제를 풀어 보아요.

음: _____ 뜻: _____

관련 단어: _____

_____

노발대발 (怒發大發)

화가 나도 크게 남.
[쏠·날 發]

동영상으로 익히는
블록한자

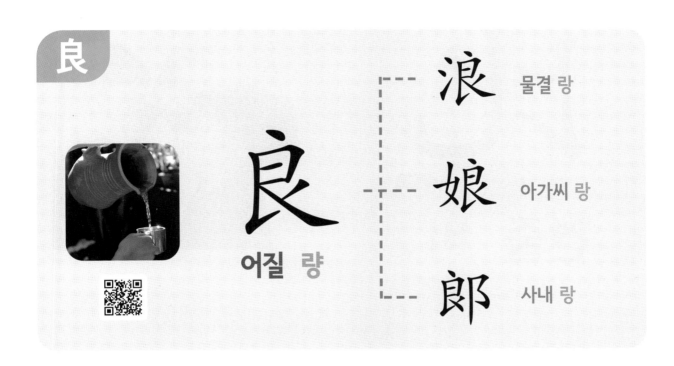

良

良
어질 량

浪 물결 랑

娘 아가씨 랑

郎 사내 랑

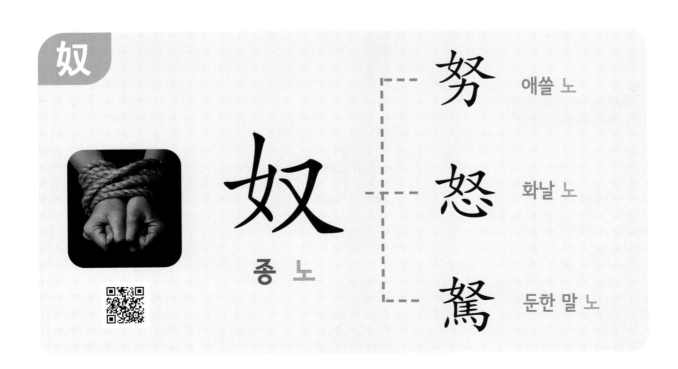

奴

奴
종 노

努 애쓸 노

怒 화날 노

駑 둔한 말 노

比

5급

견줄 비

比 알아 보기

옛 한자

比는 두 개의 물체가 나란히 서 있는 모습을 본뜬 글자입니다. 옛 글자를 보면 두 사람이 나란히 서 있는 모습이 보입니다.

比 따라 쓰기

4획 　一 ｝ ｝ 比

견줄 비

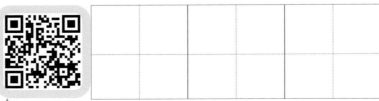

⬆ 찍으면 획순 영상이 나옵니다.

교과서 핵심 단어

 교과서에 나온 내용을 소리 내어 읽어 보아요.

과학3

比較
견줄 비 견줄 교

비교

뜻 견주어 봄

실로폰의 음판을 치면서 높은 소리가 날 때와 낮은 소리가 날 때 음판의 길이를 比較해 봅시다.

수학6

比率
견줄 비 확률 율

비율

뜻 비교한 확률

비 10:20에서 기호:의 오른쪽에 있는 20은 기준량이고, 왼쪽에 있는 10은 비교하는 양입니다. 기준량에 대한 비교하는 양의 크기를 比率이라고 합니다.

 교과서 속 형성평가 !

*정답 : 245쪽

(1) 높은 소리가 날 때와 낮은 소리가 날 때 음판의 길이를 비교(　　較)해 봅시다.

(2) 기준량에 대한 비교하는 양의 크기를 비율(　　率)이라고 합니다.

블록 한자

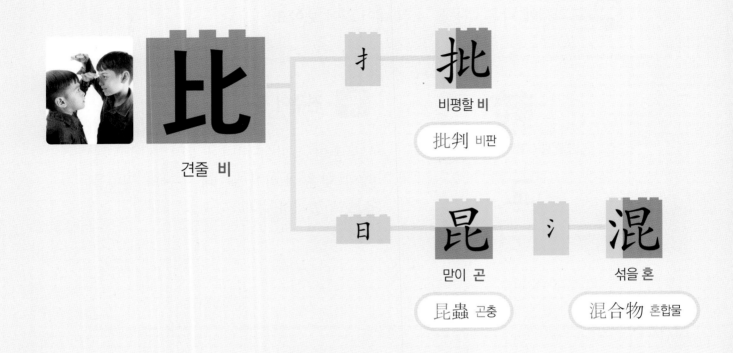

比 견줄 비

扌 → 批 비평할 비
批判 비판

日 → 昆 맏이 곤
昆蟲 곤충

氵 → 混 섞을 혼
混合物 혼합물

*判 판단할 판, 合 합할 합, 物 물건 물

批 비평할 비 4급

比에 扌손 수를 붙인 批비평할 비는 두 개의 사물을 단순히 비교하는 데 그치지 않고 잘못된 것이 보이면 지적하고 바로잡는다는 의미입니다.

批 따라 쓰기

批
비 판

뜻 지적하고 판정함
예 책 내용을 批판하는 질문을 할 수도 있어요.

批	批			
비평할 비				

맏이 곤 `1급`

比의 위에 日날 일을 쓴 昆맏이 곤은 '가장 높다, 맏이'라는 뜻의 글자입니다. 日에 비해 더 높은 건 없기 때문입니다. 그런데 이 글자는 이 뜻 외에 昆蟲곤충의 뜻도 가지고 있으니 유의해야 합니다. 옛 사람들은 곤충의 생명력을 최고라고 생각한 것일까요?

昆蟲 **뜻** 맏이 벌레

곤 충 **예** 다리가 세 쌍인 동물을 昆蟲이라고 합니다.

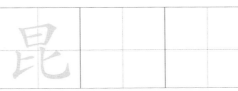

맏이 곤

섞을 혼 `4급`

昆맏이 곤에 氵물 수를 붙이면 混섞을 혼이 됩니다. 물에 빠진 곤충을 생각하면 쉽습니다.

混合物 **뜻** 섞여 합쳐진 사물

혼 합 물 **예** 성질이 변하지 않은 채 섞여 있는 것이 混合物입니다.

섞을 혼

1 네모칸에 알맞은 글자를 넣어 보아요.

比
견줄 비

□比
비평할 비

□比
맏이 곤

□昆
섞을 혼

2 한자의 음과 뜻을 알맞게 이어 보아요.

(1) 比 · · 곤 · · 견주다

(2) 批 · · 혼 · · 맏이

(3) 昆 · · 비 · · 비평하다

(4) 混 · · 비 · · 섞다

3 빈칸에 알맞은 한자를 써 보아요.

(1) 실로폰의 음판의 길이를 비교(□較)해 봅시다.

(2) 책 내용을 비판(□判)하는 질문을 할 수도 있어요.

(3) 다리가 세 쌍인 동물을 곤충(□蟲)이라고 합니다.

(4) 성질이 변하지 않은 채 섞여 있는 것이 혼합물(□合物)입니다.

4 내용을 소리 내어 읽고 한자를 한글로 써 보세요.

두 가지 이상의 대상에서 공통점을 찾아 설명하는
방법은 比較이다.

* 국어 5

....

5 열쇠의 뜻 풀이를 이용하여 가로 세로 단어 퍼즐을 완성해 보세요.

[가로열쇠 ①] 비교한 확률

[세로열쇠 ①] 견주어 봄

6 QR코드를 찍어 영상을 본 후, 문제를 풀어 보아요.

우리는 곤충!

동물 중엔
우리가 최고지

음: .... 뜻: ....

관련 단어: ....

....

핵심 한자

率

3급

솔직할 솔, 비율 율

率 알아 보기

옛한자 率

옛 글자를 보면 率은 장대에 걸어둔 그물을 그린 글자입니다. 중간에 있는 ⿱는 그물에 걸린 새와 깃털로 생각하면 쉽습니다. '솔직할 솔'로도 쓰이고, '비율 율'로도 쓰입니다.

率 따라 쓰기

率	率	率	率

솔직할 솔, 비율 율

11획 ` 亠 亠 玄 玄 玄 玆 玆 滋 滋 率

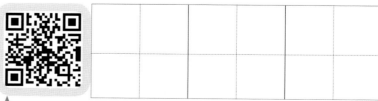

↑ 찍으면 획순 영상이 나옵니다.

72

교과서 핵심 단어

 교과서에 나온 내용을 소리 내어 읽어 보아요.

국어 3

率直
솔직할 솔 곧을 직

솔직

뜻 꾸밈없이 곧음

부벨라는 자기만 보면 무서워서 도망을 치는 사람들을 볼 때마다 어떤 기분이 드는지 지렁이에게 率直하게 털어놓았어요. 사실 부벨라는 파리 한 마리도 해치지 못했거든요.

사회 6

確率
굳을 확 비율 율

확률

뜻 확실히 일어날 비율

바나나를 채취해서 나르는 여성 노동자들은 백혈병에 걸릴 確率이 평균 발병률보다 두 배나 높게 나타난다고 합니다.

 교과서 속 형성평가 !

*정답 : 245쪽

(1) 어떤 기분이 드는지 지렁이에게 솔직(　　　　直)하게 털어 놓았어요.

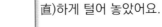

(2) 백혈병에 걸릴 확률(確　　　　)이 평균 발병률보다 두 배나 높게 나타난다고 합니다.

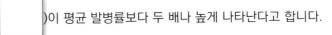

블록 한자

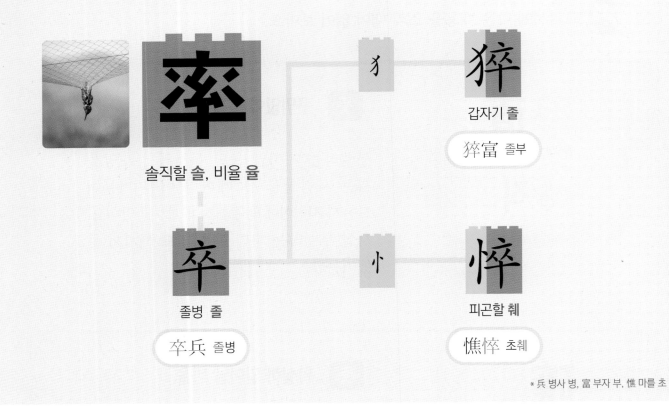

率
솔직할 솔, 비율 율

犭 → 猝
갑자기 졸
猝富 졸부

卒
졸병 졸
卒兵 졸병

忄 → 悴
피곤할 췌
憔悴 초췌

*兵 병사 병, 富 부자 부, 憔 마를 초

졸병 졸 [5급]

卒졸병 졸은 '낡은 옷'의 모양을 본뜬 글자입니다. 率과 비슷하게 생겼으므로 함께 배웁니다. 낡은 옷을 입은 자는 군대에서 가장 졸병인데, 그래서 '끝'이라는 뜻을 함께 지녀 卒兵졸병분만 아니라 卒業졸업 등의 단어에도 쓰입니다.

卒兵
졸 병

뜻 지위가 낮은 병사

예 곰을 본 卒兵들이 놀라 달아났다.

졸병 졸

74

갑자기 졸 [1급]

率에 犭개 견을 붙이면 개가 갑자기 공격하듯이, 갑작스럽게 생기는 일을 말합니다.

猝 따라 쓰기

猝富

졸 부

뜻 갑자기 된 부자, 벼락부자

예 그는 부동산 투기로 돈을 번 猝富였다.

갑자기 졸

피곤할 췌 [1급]

率에 忄마음 심을 쓴 悴피곤할 췌는 마음이 다해 지친 상태를 나타냅니다. 현대어에는 憔悴 초췌에만 들어갑니다.

悴 따라 쓰기

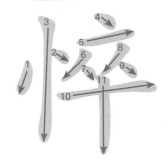

憔悴

초 췌

뜻 마르고 시듦

예 환자가 憔悴한 얼굴로 병상에 누워 있었다.

피곤할 췌

문제 풀기

1 네모칸에 알맞은 글자를 넣어 보아요.

率	卒	☐卒	☐卒
솔직할 솔, 비율 율	졸병 졸	갑자기 졸	피곤할 췌

2 한자의 음과 뜻을 알맞게 이어 보아요.

(1) 率 · · 췌 · · 솔직하다, 비율

(2) 卒 · · 졸 · · 졸병

(3) 猝 · · 졸 · · 피곤하다

(4) 悴 · · 솔, 율 · · 갑자기

3 빈칸에 알맞은 한자를 써 보아요.

(1) 어떤 기분이 드는지 지렁이에게 솔직(☐ 直)하게 털어 놓았어요.

(2) 곰을 본 졸병(☐ 兵)들이 놀라 달아났다.

(3) 그는 부동산 투기로 돈을 번 졸부(☐ 富)였다.

(4) 환자가 초췌(憔 ☐)한 얼굴로 병상에 누워 있었다.

4 내용을 소리 내어 읽고 한자를 한글로 써 보세요.

> 탈놀이는 백성의 생각이나 감정을 率直하게 표현해서 인기가 많았다.

*국어 5

....

5 열쇠의 뜻 풀이를 이용하여 가로 세로 단어 퍼즐을 완성해 보세요.

[가로열쇠 ①] 확실히 일어날 비율

[세로열쇠 ②] 꾸밈없이 곧음

6 QR코드를 찍어 영상을 본 후, 문제를 풀어 보아요.

음: .... 뜻: ....

관련 단어: ....

....

만화로 배우는
한자성어

> **오합지졸**
> (烏合之卒)

까마귀가 모인 듯한 졸병들, 무질서하고 무기력한 군사들.
[까마귀 烏, 모을 합, 갈/~의 之]

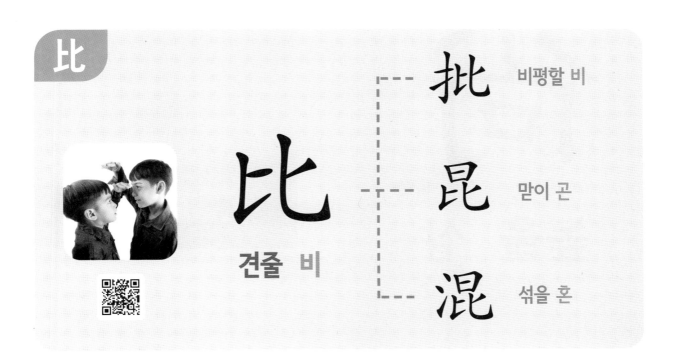

比
견줄 비

批 비평할 비

昆 맏이 곤

混 섞을 혼

率
솔직할 솔, 비율 율

卒 졸병 졸

猝 갑자기 졸

悴 피곤할 췌

3급

높을 상

尙 알아 보기

옛 한 자 : 尙은 높은 집의 창문을 표현한 글자입니다. 옛 글자를 보면 창문과 지붕을 높이 그려 두었습니다. 이를 통하여 '높다, 숭상하다'라는 뜻을 표현하였습니다.

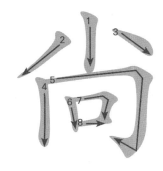

8획 丨 丷 丷 丷 尙 尙 尙 尙

높을 상

↑찍으면 획순 영상이 나옵니다.

교과서에 나온 내용을 소리 내어 읽어 보아요.

사회 5

慶尚道
경사 경 높을 상 길 도

경상도

뜻 경주와 상주의 첫 글자를 따서 지은 행정 구역

조선 시대의 행정구역은 도시의 이름을 본떠서 지었습니다. 慶尚道는 어느 도시의 이름을 본떠서 지역의 명칭을 정했는지 말해봅시다.

교과서 밖

高尚
높을 고 높을 상

고상

뜻 높고 높음

문을 열자 많은 사람들이 서 있었다. 그들은 교양 있는 말투를 사용하고 얌전한 옷차림을 해서인지 분위기가 高尚했다.

 교과서 속 형성평가 !

*정답 : 245쪽

(1) 경상도(慶 ☐ 道)는 어느 도시의 이름을 본떠서 지역의 명칭을 정했는지 말해봅시다.

(2) 교양 있는 말투를 사용해서인지 분위기가 고상(高 ☐)했다.

블록한자

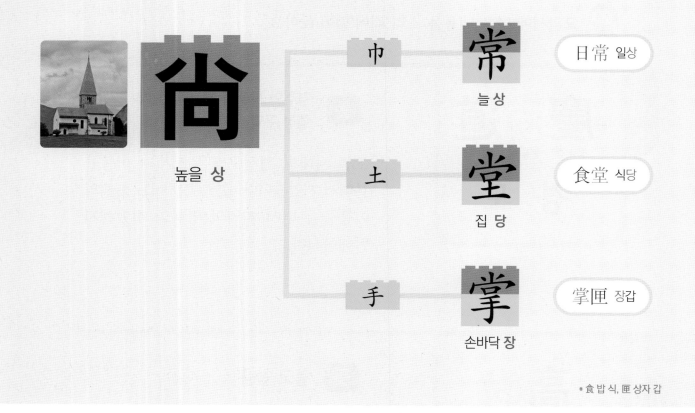

尚
높을 상

巾 → 常
늘 상
日常 일상

土 → 堂
집 당
食堂 식당

手 → 掌
손바닥 장
掌匣 장갑

*食 밥 식, 匣 상자 갑

늘 상 4급

尚을 납작하게 눌러 쓰고 그 아래에 巾 수건 건을 넣은 常 늘 상은 깃발이 휘날리는 모습을 표현한 글자입니다. 깃발은 한결같이 휘날리니까 '늘, 항상'이라는 뜻을 지닙니다.

常 따라 쓰기

日常
일상

뜻 매일, 늘

예 우리는 日常 생활에서 많은 선택을 합니다.

常 | 常 | | | |
늘 상 | | | |

82

집 당 6급

尙을 납작하게 눌러 쓰고 그 아래 土흙 토를 쓴 堂집 당은 흙으로 지은 집을 뜻합니다. 집을 지을 때는 흙을 높이 쌓기 때문에 생긴 글자입니다.

 堂 따라 쓰기

食堂
식 당

뜻 밥 먹는 집

예 바닷가에서 食堂이나 숙박시설을 운영하기도 해.

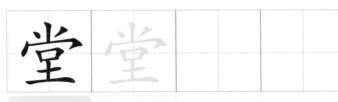

堂	堂			
집 당				

손바닥 장 3급

尙을 납작하게 눌러 쓰고 그 아래 手손 수를 쓴 掌손바닥 장은 손바닥을 뜻하는 글자입니다. 손을 좍 펴서 높이 든 모습을 글자로 나타내었습니다.

 掌 따라 쓰기

掌匣
장 갑

뜻 손 넣는 상자

예 고무 掌匣은 물이 들어오지 않고, 가죽 掌匣은 부드럽고 따뜻합니다.

掌	掌			
손바닥 장				

문제 풀기

1 네모칸에 알맞은 글자를 넣어 보아요.

尙	常	堂	掌
높을 상	늘 상	집 당	손바닥 장

2 한자의 음과 뜻을 알맞게 이어 보아요.

(1) 尙 · · 상 · · 집

(2) 常 · · 당 · · 높다

(3) 堂 · · 상 · · 늘

(4) 掌 · · 장 · · 손바닥

3 빈칸에 알맞은 한자를 써 보아요.

(1) 경상도(慶 ☐ 道)는 어느 도시의 이름을 본떠서 지역의 명칭을 정했는지 말해봅시다.

(2) 우리는 일상(日 ☐)생활에서 많은 선택을 합니다.

(3) 바닷가에서 식당(食 ☐)이나 숙박시설을 운영하기도 해.

(4) 고무 장갑(☐ 匣)은 물이 들어오지 않고, 가죽 장갑(☐ 匣)은 부드럽고 따뜻합니다.

84

4 내용을 소리 내어 읽고 한자를 한글로 써 보세요.

*사회 6

....

5 열쇠의 뜻 풀이를 이용하여 가로 세로 단어 퍼즐을 완성해 보세요.

[가로열쇠 ①] 높고 높음

[세로열쇠 ②] 경주와 상주의 첫 글자를
따서 지은 행정 구역

6 QR코드를 찍어 영상을 본 후, 문제를 풀어 보아요.

음: .... 뜻: ....

관련 단어: ....

....

월 일

識

5급

알 식

識 알아 보기

옛한자

戠은 音소리 음과 戈창 과가 결합한 글자입니다. 진흙이라는 뜻인데, 다른 글자와 결합하면 '식, 직' 등의 음을 표현하는 발음기호로만 역할합니다. 단독으로 단어를 만들지는 않으므로 여기서는 言과 결합한 識알 식을 먼저 배워요.

識 따라 쓰기

識

識 識 識 識

알 식

[QR 코드]

↑ 찍으면 획순 영상이 나옵니다.

19획 ＇ 亠 宀 亠 訁 訁 訁 訁 訁
訁 訁 訁 訁 訁 訁 識 識 識

교과서 핵심 단어

 교과서에 나온 내용을 소리 내어 읽어 보아요.

국어 4

知識
알 지 알 식
지식

뜻 앎

1894년 열 아홉 살이 된 주시경은 배재학당에 입학해 지리, 수학, 영어 등 여러가지를 공부하며 한글 연구에 필요한 知識을 다져 나갔어요.

과학 5

認識
깨달을 인 알 식
인식

뜻 깨달아 앎

우리 주변의 자연 현상을 관찰하고, 탐구할 문제를 찾아 명확하게 나타내는 것을 문제 認識이라고 합니다.

 교과서 속 형성평가!

*정답 : 245쪽

(1) 여러가지를 공부하며 한글 연구에 필요한 지식(知 ☐)을 다져 나갔어요.

(2) 탐구할 문제를 찾아 명확하게 나타내는 것을 문제 인식(認 ☐)이라고 합니다.

블록 한자

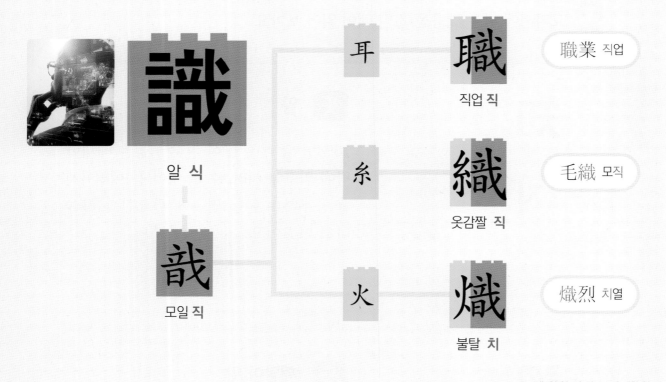

耳	職 직업 직	職業 직업
糸	織 옷감짤 직	毛織 모직
火	熾 불탈 치	熾烈 치열

識 알 식

戠 모일 직

*業 일 업, 毛 털 모, 烈 세찰 열

직업 직 4급

戠에 耳귀 이를 붙인 職직업 직은 관직을 뜻하는 글자입니다. 귀를 모은다는 뜻인데요, 관직에 있는 사람은 다른 사람의 말을 잘 들어야 한다는 뜻이 들어 있습니다.

職業
직 업

뜻 맡은 일

예 사람은 職業에 따라 고유한 색깔 옷을 입기도 한다.

職

職

직업 직

옷감짤 직 4급

戠에 糸실 멱을 붙인 織옷감짤 직은 옷감을 짠다는 뜻을 지닌 글자입니다. 실을 모은다는 뜻으로, 실을 모으면서 옷감을 짜는 모습을 표현하였습니다.

毛織
모 직

뜻 털로 짬

예 겨울옷은 毛織으로 된 것이 많다.

옷감짤 직

불탈 치 1급

戠에 火불 화를 붙여 불이 모여 맹렬하게 타오르는 뜻을 표현하였습니다. 치열하게 싸운다는 말을 들어 보았죠? 불길처럼 뜨겁고 세차게 싸운다는 뜻입니다.

熾烈
치 열

뜻 불타듯 세참

예 熾烈한 전투 끝에 마침내 고지가 재탈환되었다.

불탈 치

문제 풀기

1 네모칸에 알맞은 글자를 넣어 보아요.

識
알 식

☐戠
직업 직

☐戠
옷감짤 직

☐戠
불탈 치

2 한자의 음과 뜻을 알맞게 이어 보아요.

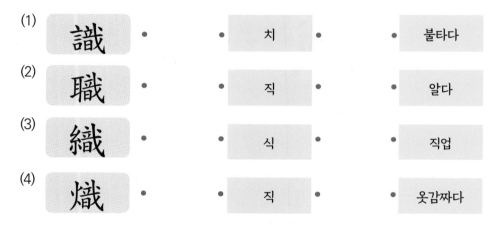

(1) 識 · · 치 · · 불타다
(2) 職 · · 직 · · 알다
(3) 織 · · 식 · · 직업
(4) 熾 · · 직 · · 옷감짜다

3 빈칸에 알맞은 한자를 써 보아요.

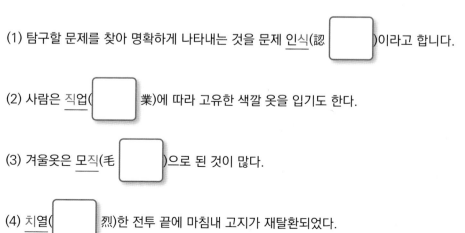

(1) 탐구할 문제를 찾아 명확하게 나타내는 것을 문제 인식(認☐)이라고 합니다.

(2) 사람은 직업(☐業)에 따라 고유한 색깔 옷을 입기도 한다.

(3) 겨울옷은 모직(毛☐)으로 된 것이 많다.

(4) 치열(☐烈)한 전투 끝에 마침내 고지가 재탈환되었다.

4 내용을 소리 내어 읽고 한자를 한글로 써 보세요.

『열하일기』는 시대를 앞서가는 연암의 생각과 기억, 철학과 세계관을 한데 모은 知識의 저장소입니다.

* 국어 6

_____

5 열쇠의 뜻 풀이를 이용하여 가로 세로 단어 퍼즐을 완성해 보세요.

[가로열쇠 ①] 앎

[세로열쇠 ②] 깨달아 앎

6 QR코드를 찍어 영상을 본 후, 문제를 풀어 보아요.

* 戠은 관련 단어를 배우지 않았으므로 戠에서 파생되는 한자를 복습해 봅시다.

소리 치며

창을 들고 모여!

(1) 음: _____ 뜻: _____

(2) 파생 한자 ①: _____

　　파생 한자 ②: _____

　　파생 한자 ③: _____

만화로 배우는
한자성어

> ## 구상유취
> ## (口尙乳臭)

입에서 아직 젖내가 남, 상대방을 어린 아기 같다고 얕잡아 부르는 말. [젖 乳, 냄새 臭]

관용구로는 "머리에 피도 안 마른 것이…." 라고도 하지~?

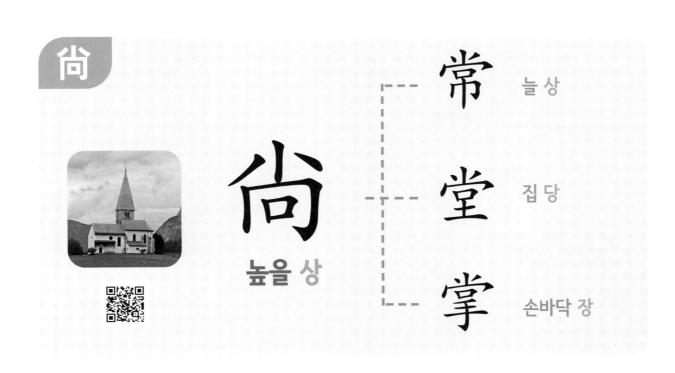

尙

尙
높을 상

常 늘 상

堂 집 당

掌 손바닥 장

識

識
알 식

職 직업 직

織 옷감짤 직

熾 불탈 치

專

4급

오로지 전

專 알아보기

옛 한 자

專은 베를 짜는 모습을 표현한 글자입니다. 叀는 베틀의 모습, 寸은 베를 짜는 손의 모습인데, 다른 잡념 없이 오로지 베를 짜는 모습에서 '오로지'의 뜻을 지니게 되었습니다.

專 따라 쓰기

專	專	專	專

오로지 전

11획 一 ナ ナ 戶 百 亩 亩 車 車 専 専
專

↳ 찍으면 획순 영상이 나옵니다.

교과서에 나온 내용을 소리 내어 읽어 보아요.

국어3

專門
오로지 전 문 문

전문

뜻 **오로지 하나에 몰두함**

반딧불이 애벌레는 달팽이 專門사냥꾼이라고 불릴 정도로 먹성이 대단해요. 입에서 나오는 독으로 달팽이를 마비시킨 다음, 달팽이가 움직이지 못하면 그때부터 살살 녹여서 먹는답니다.

사회4

專用
오로지 전 쓸 용

전용

뜻 **오로지 하나만 씀**

공공기관은 "우리집에 있는 말벌집을 없애주세요. 학교 가는 길에 자전거 專用도로를 만들어 주세요" 등과 같은 지역 주민의 요청을 처리합니다.

 속 교과서 형성평가 !

*정답 : 245쪽

(1) 반딧불이 애벌레는 달팽이 전문(　　門)사냥꾼이라고 불릴 정도로 먹성이 대단해요.

(2) 학교 가는 길에 자전거 전용(　　用)도로를 만들어 주세요.

블록한자

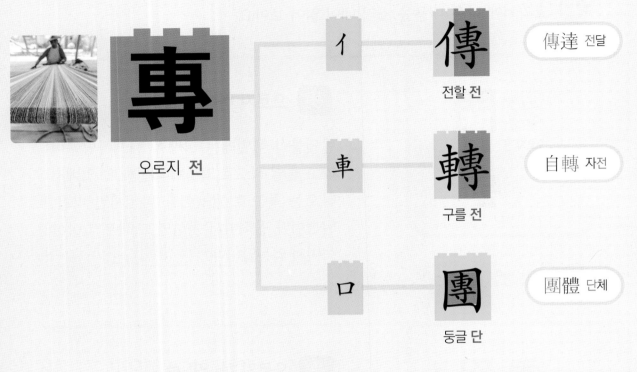

專
오로지 전

イ — 傳 전할 전 — 傳達 전달

イ車 — 轉 구를 전 — 自轉 자전

口 — 團 둥글 단 — 團體 단체

* 達 도달할 달, 自 스스로 자, 體 몸 체

전할 전 5급

專에 イ사람 인을 붙인 傳전할 전은 사람과 사람 사이에 전해지는 것들을 나타냅니다. 물건뿐 아니라 이야기 등도 전해지는데, 그래서 春香傳춘향전과 같은 소설에도 이 글자가 들어갑니다.

傳 따라 쓰기

傳達
전 달

뜻 전하여 도달함

예 그림말은 휴대전화 등에서 감정이나 느낌을 傳達할 때 사용한다.

傳 傳

전할 전

구를 전 `4급`

專에 車수레 거를 붙인 轉구를 전은 수레바퀴가 굴러가는 것을 표현한 글자입니다. 아래 위가 계속 바뀌며 굴러가는데 그래서 '전환하다'의 뜻도 지니고 있습니다.

轉 따라 쓰기

自轉	뜻	스스로 회전함
자 전	예	하루에 한 바퀴씩 回轉회전하는 것을 지구의 自轉이라고 합니다.

구를 전

둥글 단 `5급`

專에 네모난 테두리를 씌우면 團둥글 단이 됩니다. 동그라미를 치면 더 좋겠지만 한자에는 동그라미가 없으므로 네모나게 그려 동그라미를 표현했습니다. 테두리 속에 오롯이 모인 단체라는 뜻도 가지고 있습니다.

團 따라 쓰기

團體	뜻	모여서 이루어진 몸체
단 체	예	깃발에는 그 사람들이 속해 있는 團體 이름을 적기도 하지.

둥글 단

문제 풀기

1 네모칸에 알맞은 글자를 넣어 보아요.

專	□專	□專	專
오로지 전	전할 전	구를 전	둥글 단

2 한자의 음과 뜻을 알맞게 이어 보아요.

(1) 專 · · 단 · · 둥글다

(2) 傳 · · 전 · · 구르다

(3) 轉 · · 전 · · 전하다

(4) 團 · · 전 · · 오로지

3 빈칸에 알맞은 한자를 써 보아요.

(1) 반딧불이 애벌레는 달팽이 전문 (□ 門)사냥꾼이라고 불릴 정도로 먹성이 대단해요.

(2) 그림말은 휴대전화 등에서 감정이나 느낌을 전달(□ 達)할 때 사용한다.

(3) 하루에 한 바퀴씩 回轉회전하는 것을 지구의 자전(自 □)이라고 합니다.

(4) 깃발에는 그 사람들이 속해 있는 단체(□ 體) 이름을 적기도 하지.

4 내용을 소리 내어 읽고 한자를 한글로 써 보세요.

장애인을 위해 장애인 專用
주차 구역을 따로 만든다.

* 국어 6

5 열쇠의 뜻 풀이를 이용하여 가로 세로 단어 퍼즐을 완성해 보세요.

[가로열쇠 ①] 오로지 하나에 몰두함

[세로열쇠 ①] 오로지 하나만 씀

6 QR코드를 찍어 영상을 본 후, 문제를 풀어 보아요.

둥글게
둥글게

깎아!

음: .... 뜻: ....

관련 단어: ....

....

5급

채울 충

充 알아 보기

옛한자  充은 배가 가득 부른 사람의 모습을 본뜬 글자입니다. ㄊ는 머리, ㅿ는 불룩한 배, 儿은 다리입니다. '가득 차다'란 뜻을 지닙니다.

充 따라 쓰기

充	充	充	充

채울 충

6획　`丶一亠云去充`

↑ 찍으면 획순 영상이 나옵니다.

교과서 핵심 단어

 교과서에 나온 내용을 소리 내어 읽어 보아요.

과학 5

充分
채울 충　나눌 분

충분

뜻 가득 찬 분량

토양이 지나치게 산성화되면 토양 속에서 다양한 미생물이 살 수 없게 돼요. 그러면 식물들이 充分한 영양분을 공급받지 못해 제대로 자랄 수가 없답니다.

국어 6

補充
도울 보　채울 충

보충

뜻 도와서 채움

아침밥을 거르면 밤새 분비된 위산이 중화되지 않아 위가 불편해진다. 또 밤새 써버린 수분과 영양소를 補充하기 어렵다. 그래서 피부는 푸석푸석해지고 주름에 빈혈까지 생겨 건강이 나빠진다.

 교과서 **속** 형성평가 !

*정답 : 245쪽

(1) 그러면 식물들이 <u>충분</u>(◻分)한 영양분을 공급받지 못해 제대로 자랄 수가 없답니다.

(2) 밤새 써버린 수분과 영양소를 <u>보충</u>(補◻)하기 어렵다.

블록 한자

充
채울 충

金 ── 銃
총 총

糸 ── 統
거느릴 통

氵 ── 流
흐를 류

鳥銃 조총

統治 통치

流行 유행

*治 다스릴 치

銃 총 `4급`

充에 金쇠 금을 붙인 銃총 총은 총을 뜻합니다. 金을 써서 총의 재료를 나타내었고, 총알을 채워서 쏜다는 뜻에서 充을 붙였습니다.

 銃 따라 쓰기

鳥銃
조 총

뜻 새 잡는 총

예 이순신은 鳥銃의 사정거리 밖에서 대포로 적군의 배를 명중시켰다.

銃	銃			
총 총			

統 거느릴 통 [4급]

充에 糸실 멱을 붙이면 統거느릴 통이 됩니다. 사람들을 거느리는 것은 사람들을 실로 매고 움직이게 하는 것과 비슷하죠? 그래서 糸을 붙여 '거느리다, 통솔하다'의 뜻을 나타냈습니다.

統 따라 쓰기

統治
통 치

뜻	거느리며 다스림
예	조선총독부는 일제가 우리나라를 다스리려고 세운 統治기구입니다.

統	統				

거느릴 통

流 흐를 류 [5급]

充이 들어가는 다른 글자는 없습니다. 그러니 이와 비슷하게 생긴 㐬깃발 류가 들어가는 글자를 하나만 배워보아요. 㐬는 깃발이란 뜻인데 여기에 氵물 수를 붙이면 流흐를 류가 된답니다. 깃발이 펄럭이듯이 물이 흘러가는 모습을 나타내었습니다.

流 따라 쓰기

流行
유 행

뜻	흘러 다님
예	자신의 직업을 流行에 따라 결정하는 일이 옳은 것일까?

流	流				

흐를 류

1 네모칸에 알맞은 글자를 넣어 보아요.

充	□充	□充	□充
채울 충	총 총	거느릴 통	흐를 류

2 한자의 음과 뜻을 알맞게 이어 보아요.

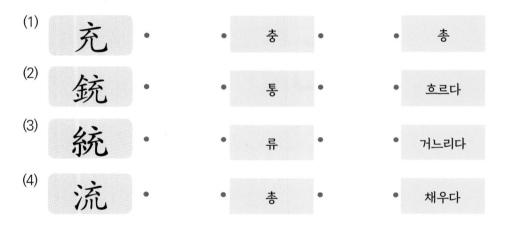

(1) 充 · · 충 · · 총

(2) 銃 · · 통 · · 흐르다

(3) 統 · · 류 · · 거느리다

(4) 流 · · 총 · · 채우다

3 빈칸에 알맞은 한자를 써 보아요.

(1) 밤새 써버린 수분과 영양소를 보충(補 [   ])하기 어렵다.

(2) 이순신은 조총(鳥 [   ])의 사정거리인 50m 밖에서 대포로 적군의 배를 명중시켰다.

(3) 조선총독부는 일제가 우리나라를 다스리려고 세운 통치([   ]治)기구입니다.

(4) 자신의 직업을 유행([   ]行)에 따라 결정하는 일이 옳은 것까?

4 내용을 소리 내어 읽고 한자를 한글로 써 보세요.

자신이 희망하는 직업을 流行에 따라 결정하는 일이 과연 옳은 것일까?

* 국어 5

....

5 열쇠의 뜻 풀이를 이용하여 가로 세로 단어 퍼즐을 완성해 보세요.

[가로열쇠 ①] 도와서 채움

[세로열쇠 ②] 가득 찬 분량

6 QR코드를 찍어 영상을 본 후, 문제를 풀어 보아요.

가득 채우자

맛있는 사탕~

음: .... 뜻: ....

관련 단어: ....

....

한자성어

> ### 청산유수
> (靑山流水)
>
> 푸른 산을 흐르는 물, 막힘 없이 말을 잘함.
> [푸를 靑]

口若懸河 구약현하
(입이 급히 흐르는 강과 같다)
라고도 해.

블록한자

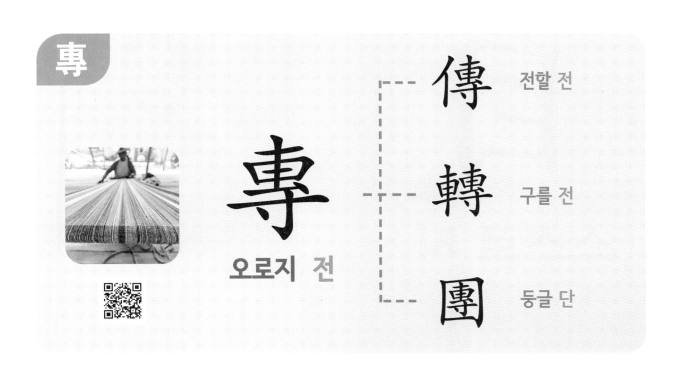

專

専 오로지 전

傳 전할 전

轉 구를 전

團 둥글 단

充

充 채울 충

銃 총 총

統 거느릴 통

流 흐를 류

7급

스스로 자

自 알아 보기

옛 한 자

自는 원래 코를 뜻하는 글자였습니다. 그러던 것이 자기를 칭하는 말로 바뀌어 이제는 '스스로 자'가 대표적인 뜻으로 굳어졌습니다. 아마 자기를 가리킬 때 코 쪽을 가리키는 경우가 많아 그렇게 된 것이겠지요?

自 따라 쓰기

6획　´ ㆍ ㄅ ㄅ 自 自

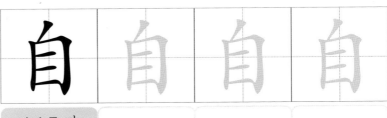

스스로 자

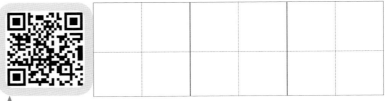

↑ 찍으면 획순 영상이 나옵니다.

교과서에 나온 내용을 소리 내어 읽어 보아요.

국어 5

自己自身
스스로 자 몸 기 스스로 자 몸 신
자기자신

뜻 스스로의 몸

"남을 이해하고 사랑하고 받아들이려면 먼저 自己自身을 사랑해야 해.""저는 모든 면에서 부족한데 어떻게 저 自身을 사랑하죠?"

과학 5

自律
스스로 자 법률 율
자율

뜻 스스로의 법률

자동차가 정해진 차선을 유지하면서 주행하도록 운전대를 자동으로 조작해줍니다. 이처럼 미래에는 운전자 없이 목적지까지 스스로 주행하는 自律주행 자동차가 등장할 전망입니다.

 교과서 속 형성평가 !

*정답 : 245쪽

(1) 남을 이해하고 사랑하고 받아들이려면 먼저 자기자신 ([　] 己 [　] 身)을 사랑해야 해.

(2) 미래에는 운전자 없이 목적지까지 스스로 주행하는 자율([　] 律)주행 자동차가 등장할 전망입니다.

블록 한자

自
스스로 자

犬 → 臭
냄새 취 → 惡臭 악취

心 → 息
쉴 식 → 休息 휴식

畀 → 鼻
코 비 → 耳鼻咽喉科 이비인후과

*惡 나쁠 악, 休 쉴 휴, 咽 목구멍 인, 喉 목구멍 후, 科 과목 과

냄새 취 `3급`

自 아래에 犬개 견을 쓰면 '개의 코'가 됩니다. 개의 코는 냄새를 잘 맡는 것으로 유명한데 그래서 臭냄새 취는 냄새를 뜻하는 글자가 됩니다.

臭 따라 쓰기

惡臭
악 취

뜻 : 나쁜 냄새

예 : 공장 굴뚝에서는 惡臭나는 연기가 피어 올랐다.

臭 臭

냄새 취

쉴 식 4급

自 아래에 心마음 심을 쓴 息쉴 식은 숨이 코로 통해 가슴으로 들락날락하는 모습을 표현한 글자입니다. '숨을 쉬다, 휴식하다'라는 뜻을 지니고 있습니다.

休息 뜻 편히 쉼

휴 식 예 낮이 더워 사람들은 점심 식사 후 한두 시간의 休息을 취한다.

쉴 식

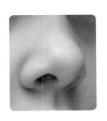

코 비 5급

自 아래에 畀줄 비를 쓴 鼻코 비는 코를 나타내는 글자입니다. 自가 '스스로'라는 뜻을 지니게 되자 원래 뜻인 코를 더 자세히 그려서 표현한 것입니다. 畀는 코 아래의 넓은 인중과 콧물로 생각하면 외우기 쉽습니다.

耳鼻咽喉科 뜻 눈, 코, 목구멍(咽喉)이 아플 때 가는 병원

이 비 인 후 과 예 눈이나 코가 아프면 耳鼻咽喉科에 가야 한다.

코 비

문제 풀기

1 네모칸에 알맞은 글자를 넣어 보아요.

自
스스로 자

自
냄새 취

自
쉴 식

自
코 비

2 한자의 음과 뜻을 알맞게 이어 보아요.

(1) 自 ·   · 식 ·   · 쉬다

(2) 臭 ·   · 취 ·   · 코

(3) 息 ·   · 비 ·   · 스스로

(4) 鼻 ·   · 자 ·   · 냄새

3 빈칸에 알맞은 한자를 써 보아요.

(1) 남을 이해하고 사랑하고 받아들이려면 먼저 자기자신 (□ 己 □ 身)을 사랑해야 해.

(2) 공장 굴뚝에서는 악취(惡 □)나는 연기가 피어 올랐다.

(3) 낮이 더워 사람들은 점심 식사 후 한두 시간의 휴식(休 □)을 취한다.

(4) 눈이나 코가 아프면 이비인후과(耳 □ 咽喉科)에 가야 한다.

112

4 내용을 소리 내어 읽고 한자를 한글로 써 보세요.

법은 지키지 않았을 때 제재를 받는다는 점에서 사람들이 自律적으로 지키는 도덕 등과 구별된다.

* 사회 5

....

5 열쇠의 뜻 풀이를 이용하여 가로 세로 단어 퍼즐을 완성해 보세요.

[가로열쇠 ①] 스스로의 몸

[세로열쇠 ②] 스스로의 법률

6 QR코드를 찍어 영상을 본 후, 문제를 풀어 보아요.

음: .... 뜻: ....

관련 단어: ....

....

爭
5급

다툴 쟁

爭 알아 보기

옛한자	𢍏

爭은 어떤 물건 ㅣ뚫을 곤을 두고 爪손톱 조와 彐손을 뜻하는 글자가 서로 다투는 모습의 글자입니다. 아래 위에서 서로 당기는 모습인데 그래서 '다투다'의 뜻을 지닙니다.

爭 따라 쓰기

8획   ⺊ ⺊ ⺊ ⺊ ⺮ ⺮ 争 爭

爭	爭	爭	爭

다툴 쟁

↖찍으면 획순 영상이 나옵니다.

교과서에 나온 내용을 소리 내어 읽어 보아요.

사회 3

戰爭
싸움 전　다툴 쟁

전쟁

뜻 **싸우고 다툼**

철은 생활 도구와 무기로 널리 사용되었습니다. 철로 만든 농사 도구를 사용하면서 농업은 크게 발달했고, 철로 만든 무기를 가진 사람들은 戰爭에서 쉽게 이길 수 있었습니다.

사회 6

競爭
다툴 경　다툴 쟁

경쟁

뜻 **겨루고 다툼**

개인은 더 좋은 일자리를 얻으려고 다른 사람과 서로 競爭을 하기도 하며, 기업은 보다 더 많은 이윤을 얻으려고 다른 기업과 서로 競爭한다.

 교과서 속 형성평가!

*정답 : 245쪽

(1) 철로 만든 무기를 가진 사람들은 전쟁(戰 　)에서 쉽게 이길 수 있었습니다.

(2) 개인은 더 좋은 일자리를 얻으려고 다른 사람과 서로 경쟁(競 　)을 한다.

블록 한자

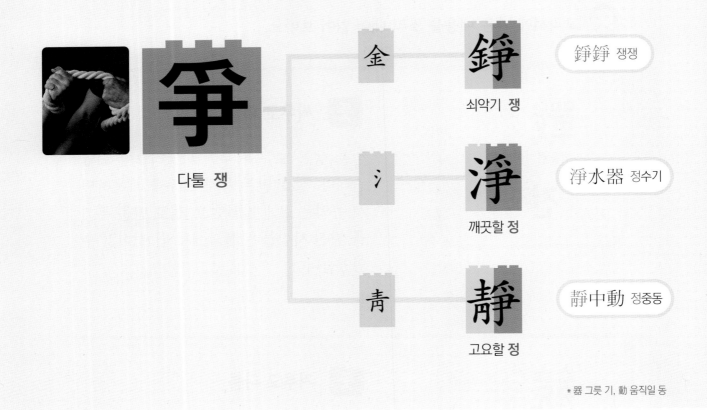

爭
다툴 쟁

金 — 錚
쇠악기 쟁
錚錚 쟁쟁

氵 — 淨
깨끗할 정
淨水器 정수기

青 — 靜
고요할 정
靜中動 정중동

*器 그릇 기, 動 움직일 동

錚 쇠악기 쟁 1급

爭에 金쇠 금을 붙인 錚쇠악기 쟁은 쇠로 만든 악기를 나타냅니다. 그런데 그 소리가 날카롭고 빼어나서 이 글자를 두 번 반복한 쟁쟁하다는 표현은 '뛰어나다'는 의미를 지닙니다.

 錚 따라 쓰기

錚錚
쟁 쟁

뜻 뛰어남
예 다른 나라의 錚錚한 선수들을 물리치고 금메달을 땄다.

錚	錚				
쇠악기 쟁					

깨끗할 정 `3급`

爭에 氵물 수를 붙인 淨깨끗할 정은 깨끗하다는 뜻을 지닌 글자입니다. 氵를 붙여 깨끗한 물의 속성을 반영했습니다.

淨水器 `뜻` 물을 깨끗하게 하는 그릇
정 수 기 `예` 아이들을 위해 깨끗한 물을 쉽게 얻는 淨水器를 생각해 냈습니다.

깨끗할 정

고요할 정 `4급`

爭에 靑푸를 청을 붙인 靜고요할 정은 고요하다는 뜻을 지닌 글자입니다. 푸른 하늘의 고요함을 표현하기 위해 靑을 앞에 붙였습니다.

靜中動 `뜻` 고요한 가운데의 움직임
정 중 동 `예` 새벽안개가 靜中動의 자태로 피어오른다.

고요할 정

문제 풀기

1 네모칸에 알맞은 글자를 넣어 보아요.

争
다툴 쟁

□爭
쇠악기 쟁

□爭
깨끗할 정

□爭
고요할 정

2 한자의 음과 뜻을 알맞게 이어 보아요.

(1) 争 · · 정 · · 다투다

(2) 錚 · · 정 · · 깨끗하다

(3) 淨 · · 쟁 · · 고요하다

(4) 靜 · · 쟁 · · 쇠악기

3 빈칸에 알맞은 한자를 써 보아요.

(1) 철로 만든 무기를 가진 사람들은 전쟁(戰 □)에서 쉽게 이길 수 있었습니다.

(2) 다른 나라의 쟁쟁(□ □)한 선수들을 물리치고 금메달을 땄다.

(3) 캄보디아 아이들을 구하려고 깨끗한 물을 쉽게 얻는 정수기(□ 水器)를 생각해 냈습니다.

(4) 새벽안개가 정중동(□ 中動)의 자태로 피어오른다.

4 내용을 소리 내어 읽고 한자를 한글로 써 보세요.

우리나라는 6·25 戰爭 이후 남과 북으로 갈라져 이제는 서로 오갈 수 없게 되었습니다.

* 사회 4

....

5 열쇠의 뜻 풀이를 이용하여 가로 세로 단어 퍼즐을 완성해 보세요.

[가로열쇠 ①] 겨루고 다툼

[세로열쇠 ②] 싸우고 다툼

6 QR코드를 찍어 영상을 본 후, 문제를 풀어 보아요.

음: .... 뜻: ....

관련 단어: ....

....

만화로 배우는
한자성어

> ## 오비삼척
> ### (吾鼻三尺)

내 코(=콧물)가 석 자, 내 일이 바빠 남의 일을 돌보지 못함.
[나 吾, 코 鼻, 자(약 30cm) 尺]

동영상으로 익히는 블록한자

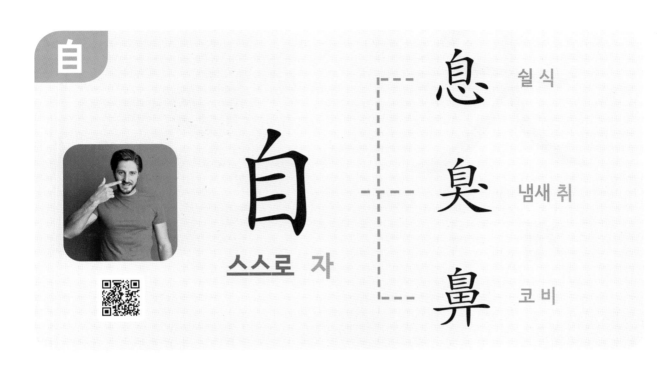

自 스스로 자

- 息 쉴 식
- 臭 냄새 취
- 鼻 코 비

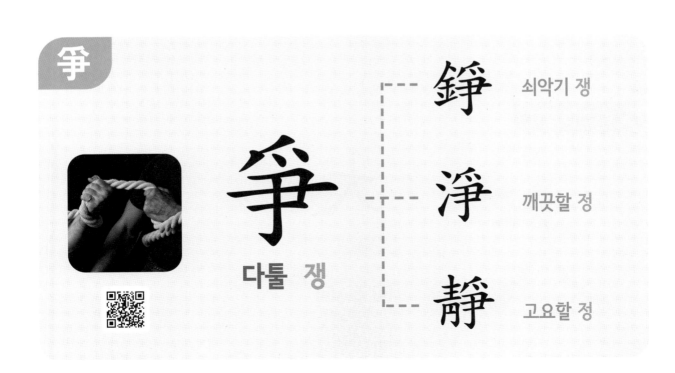

爭 다툴 쟁

- 錚 쇠악기 쟁
- 淨 깨끗할 정
- 靜 고요할 정

犬

4급

개 견

犬 알아 보기

옛
한자

犬은 개의 모습을 본뜬 글자입니다. 옛 글자에는 세로로 세워 그려져 있습니다.
현대 한자에는 丶점 주를 찍어 귀를 강조하였습니다.

犬 따라 쓰기

犬   犬   犬   犬

개 견

4획 一 ナ 大 犬

↳ 찍으면 획순 영상이 나옵니다.

교과서에 나온 내용을 소리 내어 읽어 보아요.

교과서밖

犬主
개 견 주인 주
견주

뜻 개의 주인

그 자리에 개를 잘 묻어주고 지팡이를 무덤 앞에 꽂아 주었다. 얼마 후 犬主가 꽂아 둔 지팡이에 싹이 트고 자라서 큰 나무가 되었다. 그때부터 이 거목을 이름 지어 오수라 불렀다.

교과서밖

犬猿之間
개 견 원숭이원 갈 지 사이 간
견원지간

뜻 개와 원숭이와의 사이

犬猿之間은 개와 원숭이 사이를 말한다. 개와 원숭이는 서로 으르렁대는 사이인데, 이로 둘의 사이가 매우 나쁠 때, 견원지간이라고 표현한다.

 교과서 속 형성평가!

*정답 : 246쪽

(1) 얼마 후 <u>견주</u>(　　　主)가 꽂아 둔 지팡이에 싹이 트고 자라서 큰 나무가 되었다.

(2) <u>견원지간</u>(　　　猿之間)은 개와 원숭이처럼 나쁜 사이를 말한다.

블록 한자

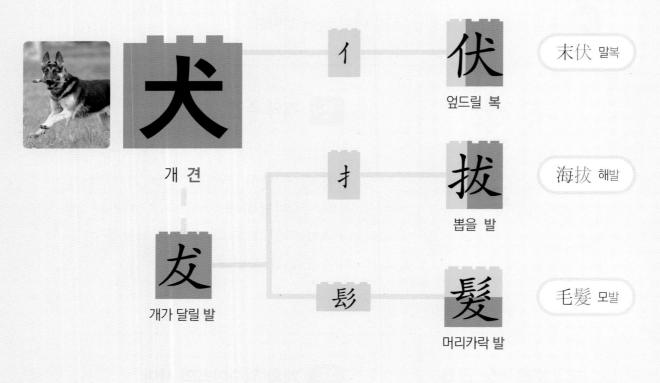

犬 개 견	亻	伏 엎드릴 복	末伏 말복
友 개가 달릴 발	扌	拔 뽑을 발	海拔 해발
	髟	髮 머리카락 발	毛髮 모발

*末 끝 말, 海 바다 해, 毛 털 모

伏

엎드릴 복　4급

犬 앞에 亻사람 인을 쓰면 伏엎드릴 복이 됩니다. 개가 사람 앞에서 납죽 엎드린 것을 표현한 글자입니다. 흥미로운 것은 개를 먹는 풍습이 있었던 伏복날에도 이 글자가 쓰인다는 것입니다. 아마 글자에 따라 그런 풍습이 만들어진 것이겠죠?

末伏
말 복

뜻　여름 중 가장 더운 삼복(三伏) 가운데 마지막에 드는 복날

예　末伏 등의 복날에는 더위를 피해 계곡으로 놀러 갑니다.

伏	伏			
엎드릴 복				

뽑을 발 3급

犬의 다리 쪽에 丿삐칠 별을 그으면 犮개가 달릴 발이 됩니다. 개가 뛰면 다리가 여러 개로 보이죠? 그것을 간략히 표현한 글자입니다. 犮에 扌=手손 수를 쓰면 拔뽑을 발이 됩니다. 무언가를 뽑는 손동작을 나타내는 것입니다.

 拔 따라 쓰기

海拔

해 발

뜻	바다로부터 뽑아 올린 높이
예	그 등산대는 海拔 2천 미터 지점을 통과했습니다.

뽑을 발

머리카락 발 4급

長길 장한 彡털 삼을 뜻하는 髟을 犮개가 달릴 발자와 함께 쓰면 髮머리카락 발이 됩니다. 이 글자에서 犮는 발음기호 역할을 하고 있습니다.

 髮 따라 쓰기

毛髮

모 발

뜻	털과 머리카락
예	부모님으로부터 물려받은 毛髮을 소중히 하는 것은 효의 시작이다.

머리카락 발

1 네모칸에 알맞은 글자를 넣어 보아요.

犬
개 견

□犬
엎드릴 복

□犮
뽑을 발

□犮
머리카락 발

2 한자의 음과 뜻을 알맞게 이어 보아요.

(1) 犬 · · 견 · · 엎드리다

(2) 伏 · · 발 · · 뽑다

(3) 拔 · · 복 · · 개

(4) 髮 · · 발 · · 머리카락

3 빈칸에 알맞은 한자를 써 보아요.

(1) 얼마 후 견주(□ 主)가 꽂아 둔 지팡이에 싹이 트고 자라서 큰 나무가 되었다.

(2) 말복(末 □) 등의 복날에는 더위를 피해 시원한 계곡이나 산으로 놀러 갑니다.

(3) 그 등산대는 해발(海 □)2천 미터 지점을 통과했다고 소식을 전해 왔습니다.

(4) 부모님으로부터 물려받은 모발(毛 □)을 소중히 하는 것은 효의 시작이다.

4 내용을 소리 내어 읽고 한자를 한글로 써 보세요.

〈삼복〉
우리 조상들은 여름철 가장 더운 시기를 초복, 중복, 末伏으로 나누었습니다. 복날에는 더위를 피해 시원한 계곡이나 山으로 놀러 가는 풍속이 있었습니다. 사람들은 삼계탕이나 육개장처럼 영양이 풍부한 음식을 먹으면서 더위를 이겨 냈습니다.

....

5 열쇠의 뜻 풀이를 이용하여 가로 세로 단어 퍼즐을 완성해 보세요.

[가로열쇠 ①] 개와 원숭이와의 사이

[세로열쇠 ①] 개의 주인

6 QR코드를 찍어 영상을 본 후, 문제를 풀어 보아요.

음: .... 뜻: ....

관련 단어: ....

....

馬
5급

말 마

馬 알아보기

옛한자 馬는 말의 모습을 본뜬 글자입니다. 옛 글자는 말과 매우 닮았습니다. 현대 한자에서는 긴 꼬리가 보이고 점 네 개 灬를 찍어 다리를 강조하였습니다.

馬 따라 쓰기

馬	馬	馬	馬
말 마			

10획　丨厂厂厂戶馬馬馬馬馬

↑ 찍으면 획순 영상이 나옵니다.

128

교과서에 나온 내용을 소리 내어 읽어 보아요.

국어 6

河馬
강 하 말 마
하마

뜻 강에 사는 말

<이산화탄소 먹는 河馬는 상수리나무>
개인이 배출한 이산화탄소를 흡수하려면 평생 나무를 심어야 할지도 모른다. 이산화탄소를 특히 잘 흡수하는 것은 상수리나무이다.

국어 6

馬夫
말 마 사나이 부
마부

뜻 말 모는 사나이

나리 덕분에 창대는 이번 사행길이 흙먼지만 먹고 가는 馬夫의 길이 아니라 자기 자신을 찾는 여행처럼 느껴졌다.

 교과서 속 형성평가!

*정답 : 246쪽

(1) 이산화탄소 먹는 하마(河 [ ])는 상수리나무

(2) 창대는 이번 사행길이 마부([ ] 夫)의 길이 아니라 자기 자신을 찾는 여행처럼 느껴졌다.

블록 한자

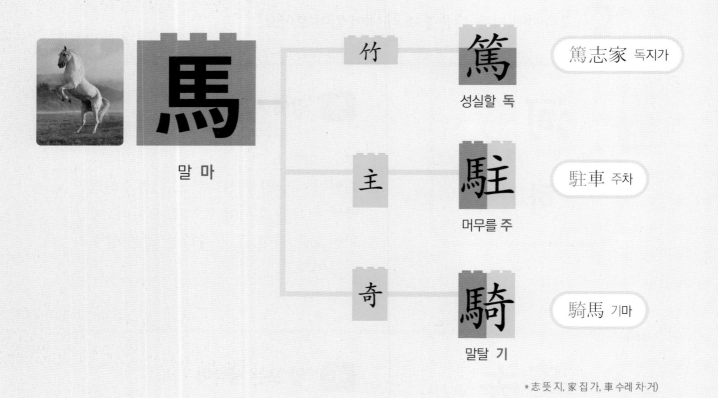

馬 말 마

竹 → 篤 성실할 독 → 篤志家 독지가

主 → 駐 머무를 주 → 駐車 주차

奇 → 騎 말탈 기 → 騎馬 기마

*志 뜻 지, 家 집 가, 車 수레 차·거)

篤

성실할 독 `3급`

馬 위에 竹대나무 죽을 쓰면 篤성실할 독이 됩니다. 말이 대나무 짐을 잔뜩 싣고 성실히 걷는 모습을 표현한 글자입니다. 그 모습이 위태롭다고 하여 '위독하다'라는 뜻으로도 쓰입니다.

篤 따라 쓰기

篤志家
독 지 가

뜻 성실한 뜻을 지닌 사람

예 익명의 篤志家들로부터 많은 성금이 보내져왔다.

篤　篤

성실할 독

머무를 주 `3급`

말이 주인 옆에 서 있으면 駐머무를 주가 됩니다. 가던 길을 잠시 멈추고 머무른다는 뜻이죠.

駐車
주 차

뜻	차를 댐
예	좁은 골목길에 駐車된 차들 때문에 등하굣길이 위험합니다.

머무를 주

말탈 기 `3급`

馬와 츩기이할 기를 함께 쓰면 騎말탈 기가 됩니다. 츩에는 '기댄다'는 뜻이 있는데, 말에 기댄다, 의지한다는 뜻입니다.

騎馬
기 마

뜻	말을 탐
예	서가 위에는 청동 騎馬상과 박제된 독수리 한 마리가 놓여 있었다.

말탈 기

1 네모칸에 알맞은 글자를 넣어 보아요.

馬
말 마

☐馬
성실할 독

馬☐
머무를 주

馬☐
말탈 기

2 한자의 음과 뜻을 알맞게 이어 보아요.

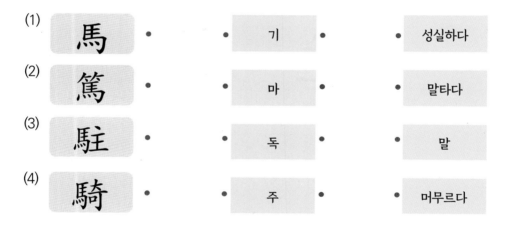

(1) 馬 •

(2) 篤 •

(3) 駐 •

(4) 騎 •

• 기 •

• 마 •

• 독 •

• 주 •

• 성실하다

• 말타다

• 말

• 머무르다

3 빈칸에 알맞은 한자를 써 보아요.

(1) 창대는 이번 사행길이 마부(☐夫)의 길이 아니라 자기 자신을 찾는 여행처럼 느껴졌다.

(2) 학생의 딱한 처지가 알려지자 익명의 독지가(☐志家)들로부터 많은 성금이 보내져왔다.

(3) 좁은 골목길에 주차(☐車)된 차들 때문에 등하굣길의 학생들이 위험합니다.

(4) 선생님의 서가 위에는 청동 기마(☐馬)상과 박제된 독수리 한 마리가 놓여 있었다.

4 내용을 소리 내어 읽고 한자를 한글로 써 보세요.

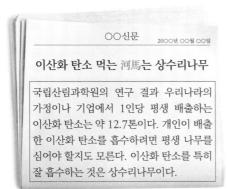

○○신문   2000년 ○○월 ○○일

이산화 탄소 먹는 河馬는 상수리나무

국립산림과학원의 연구 결과 우리나라의 가정이나 기업에서 1인당 평생 배출하는 이산화 탄소는 약 12.7톤이다. 개인이 배출한 이산화 탄소를 흡수하려면 평생 나무를 심어야 할지도 모른다. 이산화 탄소를 특히 잘 흡수하는 것은 상수리나무이다.

* 국어 6 _____

5 열쇠의 뜻 풀이를 이용하여 가로 세로 단어 퍼즐을 완성해 보세요.

[가로열쇠 ①] 강에 사는 말

[세로열쇠 ②] 말 모는 사나이

6 QR코드를 찍어 영상을 본 후, 문제를 풀어 보아요.

너무 성실해서 위독할 지경..

완전 성실해

음: _____   뜻: _____

관련 단어: _____

_____

만화로 배우는
한자성어

> ## 마이동풍
> ### (馬耳東風)

말의 귀에 스치는 동풍, 귀담아 듣지 않음.
[귀 耳, 동쪽 東, 바람 風]

134

블록한자

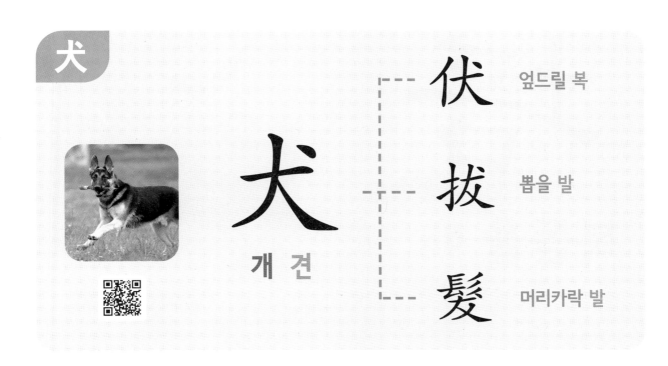

犬

犬
개 견

伏 엎드릴 복

拔 뽑을 발

髮 머리카락 발

馬

馬
말 마

篤 성실할 독

駐 머무를 주

騎 말탈 기

培

3급

북돋울 배

培 따라 쓰기

11획　一 十 土 圹 圹 坅 垮 培 培 培 培

培　培　培

북돋울 배

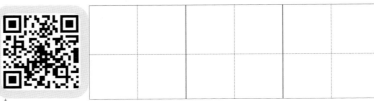

↖ 찍으면 획순 영상이 나옵니다.

136

교과서 핵심 단어

 교과서에 나온 내용을 소리 내어 읽어 보아요.

사회 3

栽培
심을 재　북돋울 배

재배

뜻 **심고 흙을 북돋움, 심고 키움**

산이 많은 고장의 사람들은 어떻게 살아갈까요? 산비탈에 밭을 만들어 채소를 栽培하거나, 논을 만들어 벼를 栽培하기도 합니다. 또한 목장에서 소를 키우기도 하고, 버섯을 기르기도 합니다.

과학 5

培養
북돋울 배　기를 양

배양

뜻 **흙을 북돋워서 기름, 심어서 기름**

플레밍은 세균 培養 실험을 하다가 푸른곰팡이에서 나오는 물질이 세균을 자라지 못하게 한다는 것을 발견했습니다. 플레밍은 이 물질을 페니실린이라고 불렀습니다.

 교과서 속 형성평가 !

*정답 : 246쪽

(1) 논을 만들어 벼를 재배(栽 ☐)하기도합니다.

(2) 플레밍은 세균 배양(☐ 養) 실험을 하다가 푸른곰팡이에서 나오는 물질을 발견했습니다.

블록 한자

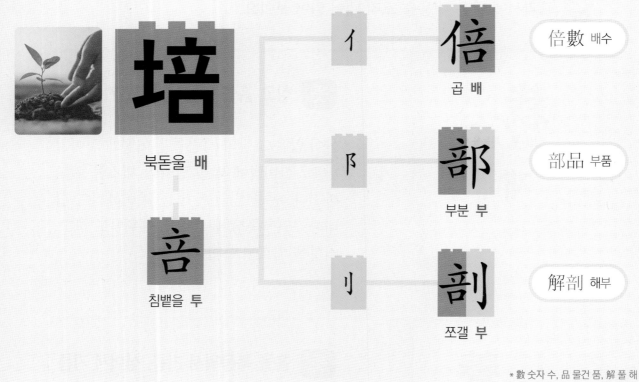

培
북돋울 배

音
침뱉을 투

亻 → 倍
곱 배
倍數 배수

⻏ → 部
부분 부
部品 부품

刂 → 剖
쪼갤 부
解剖 해부

* 數 숫자 수, 品 물건 품, 解 풀 해

곱 배 5급

音에 亻사람 인을 붙인 倍곱 배는 곱이라는 뜻입니다. 두 배, 세 배 할 때 쓰는 '배'입니다.

倍 따라 쓰기

倍數   뜻   배가 되는 수
배 수   예   어떤 수를 1배, 2배, 3배 …… 한 수를 그 수의 倍數라고 합니다.

倍	倍			
곱 배				

部 부분 부 [6급]

홈에 阝고을 읍를 붙인 部부분 부는 '마을, 부속'의 뜻입니다. 阝가 붙으면 늘 마을의 뜻인데, 여기서는 '부분, 부속품'의 뜻으로도 확대되었습니다.

部 따라 쓰기

部品
부 품

 뜻 부분에 속하는 물건

 예 친구들이 여러 가지 部品을 사용하여 로봇을 만들고 있습니다.

부분 부

剖 쪼갤 부 [1급]

홈에 刂칼 도를 붙인 剖쪼갤 부는 '쪼개다'라는 뜻입니다. 刂를 넣어 도구로 무엇인가를 쪼개는 상황을 표현했습니다.

剖 따라 쓰기

解剖
해 부

 뜻 풀고 쪼갬

 예 개구리를 解剖하기 위해 시험대에 올려놓았다.

쪼갤 부

문제 풀기

1 네모칸에 알맞은 글자를 넣어 보아요.

培
북돋울 배

☐音
곱 배

音☐
부분 부

音☐
쪼갤 부

2 한자의 음과 뜻을 알맞게 이어 보아요.

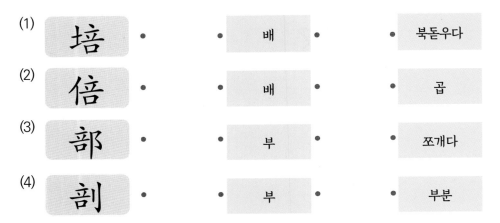

(1) 培 · · 배 · · 북돋우다

(2) 倍 · · 배 · · 곱

(3) 部 · · 부 · · 쪼개다

(4) 剖 · · 부 · · 부분

3 빈칸에 알맞은 한자를 써 보아요.

(1) 논을 만들어 벼를 재배(栽 ☐)하기도합니다.

(2) 어떤 수를 1배, 2배, 3배 …… 한 수를 그 수의 배수(☐ 數)라고 합니다.

(3) 친구들이 여러 가지 부품(☐ 品)을 사용하여 로봇을 만들고 있습니다

(4) 개구리를 해부(解 ☐)하기 위해 시험대에 올려놓았다.

4 내용을 소리 내어 읽고 한자를 한글로 써 보세요.

1990년대에 컴퓨터와 가전제품의 생산이 늘어나면서 핵심 部品인 반도체의 중요성이 커졌다.

*사회 6

....

5 열쇠의 뜻 풀이를 이용하여 가로 세로 단어 퍼즐을 완성해 보세요.

[가로열쇠 ①] 심고 흙을 북돋움, 심고 키움

[세로열쇠 ②] 흙을 북돋워서 기름, 심어서 기름

6 QR코드를 찍어 영상을 본 후, 문제를 풀어 보아요.

흙을 퍼서 북돋아야 해

음: .... 뜻: ....

관련 단어: ....

....

養

5급

기를 양

養 알아 보기

옛한자

養은 羊양 양과 食밥먹을 식이 합쳐진 글자입니다. 양에게 밥을 먹인다는 뜻인데, 그것에서 '보살피며 기르다'는 뜻으로 굳어졌습니다.

養 따라 쓰기

養	養	養	養

기를 양

15획　丶 丷 丷 丷 丷 羊 羊 美 美 美 养
养 养 养 養 養

↑ 찍으면 획순 영상이 나옵니다.

교과서 핵심 단어

 교과서에 나온 내용을 소리 내어 읽어 보아요.

과학 5

養分
기를 양   나눌 분

양분

🔲 뜻 **기르는 성분**

생태계에서 생물이 살아가려면 養分이 반드시 필요합니다. 생물의 종류에 따라 스스로 養分을 만드는 생물도 있고, 다른 생물이 만든 養分을 이용하여 살아가는 생물도 있습니다.

과학 5

養齒
기를 양   이 치

양치

🔲 뜻 **이를 보살피고 기름**

요구르트는 몸에 좋기도 하지만, 충치가 생기게 할 수도 있단다. 養齒질하는 것을 잊지 말렴.

 교과서 ^속 형성평가!

*정답 : 246쪽

(1) 생태계에서 생물이 살아가려면 양분(☐分)이 반드시 필요합니다.

(2) 양치(☐齒)질하는 것을 잊지 말렴.

블록한자

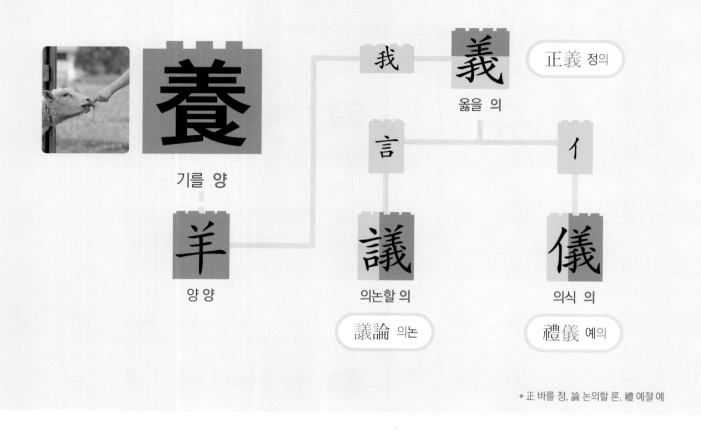

養 기를 양
羊 양 양

我
義 옳을 의 — 正義 정의

言
議 의논할 의 — 議論 의논

亻
儀 의식 의 — 禮儀 예의

* 正 바를 정, 論 논의할 론, 禮 예절 예

義

옳을 의 4급

羊 아래에 我나 아를 붙이면 義옳을 의가 됩니다. 羊은 재산을, 我는 남자를 뜻함으로써 원래는 권위라는 뜻인데, 후에 '옳다'는 뜻으로 굳어졌습니다.

義 따라 쓰기

正義
정 의

뜻 바르고 옳음

예 正義로운 사회란 어떤 사회일까요?

옳을 의

의논할 의 [4급]

義에 言말씀 언을 결합한 議의논할 의는 의논하다, 주장하다는 뜻이 됩니다. 의논과 주장은 주로 말로써 하기 때문에 言을 붙인 것입니다.

議論
의 논

뜻 생각을 주고받음
예 집안의 중요한 일을 가족구성원이 함께 議論해 결정합니다.

의논할 의

의식 의 [4급]

義에 亻사람 인을 결합한 儀의식 의는 예의라는 뜻도 있습니다. 의식, 예의는 주로 사람끼리의 행동이기 때문에 亻을 붙인 것입니다.

禮儀
예 의

뜻 예절과 의식
예 인터넷이나 휴대전화로 대화할 때도 禮儀를 지킵니다.

의식 의

문제 풀기

1 네모칸에 알맞은 글자를 넣어 보아요.

養
기를 양

☐
옳을 의
羊

☐義
의논할 의

☐義
의식 의

2 한자의 음과 뜻을 알맞게 이어 보아요.

(1) 養 · · 의 · · 기르다

(2) 義 · · 의 · · 옳다

(3) 議 · · 양 · · 의식

(4) 儀 · · 의 · · 의논하다

3 빈칸에 알맞은 한자를 써 보아요.

(1) 생태계에서 생물이 살아가려면 <u>양분</u>(☐ 分)이 반드시 필요합니다.

(2) <u>정의</u>(正 ☐)로운 사회란 어떤 사회일까요?

(3) 집안의 중요한 일을 가족구성원이 함께 <u>의논</u>(☐ 論)해 결정합니다.

(4) 인터넷이나 휴대전화로 대화할 때도 <u>예의</u>(禮 ☐)를 지킵니다.

4 내용을 소리 내어 읽고 한자를 한글로 써 보세요.

나에게는 꿈이 있습니다. 불의와 억압의 열기로 무더운 미시시피주도 자유와 正義의 오아시스로 바뀌는 꿈입니다.

*사회 5

....

5 열쇠의 뜻 풀이를 이용하여 가로 세로 단어 퍼즐을 완성해 보세요.

[가로열쇠 ①] 기르는 성분

[세로열쇠 ①] 이를 보살피고 기름

6 QR코드를 찍어 영상을 본 후, 문제를 풀어 보아요.

음: .... 뜻: ....

관련 단어: ....

....

대의명분 (大義名分)

큰 뜻과 어울리는 이름, 겉으로 내세울 만한 떳떳한 까닭.
[이름 名, 분수 分]

培

培
북돋울 배

┌── 倍 곱 배

├── 部 부분 부

└── 剖 쪼갤 부

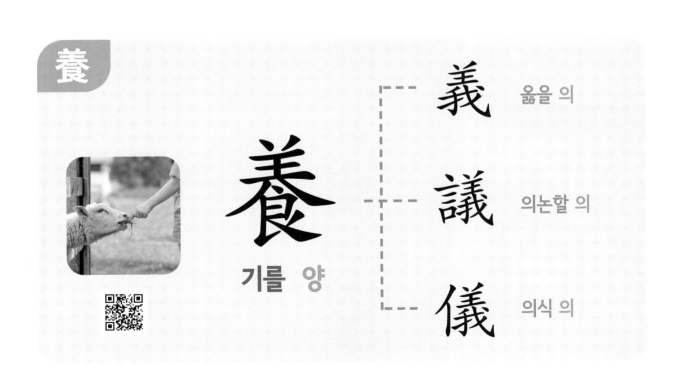

養

養
기를 양

┌── 義 옳을 의

├── 議 의논할 의

└── 儀 의식 의

3급

술병, 닭띠 유

酉 알아보기

옛한자 **酉**

酉는 술을 담는 병을 본뜬 글자입니다. 첫 세 획이 주둥이 부분, 나머지 네모난 부분이 술병입니다. 가운데 한 획은 술이 찰랑거리는 모습을 표현한 것입니다. 술병뿐 아니라 닭띠라는 뜻으로도 쓰입니다.

酉 따라 쓰기

7획 一 丁 厅 丙 西 西 酉

酉 酉 酉

술병, 닭띠 유

⬆ 찍으면 획순 영상이 나옵니다.

교과서에 나온 내용을 소리 내어 읽어 보아요.

사회5

丁酉재란
고무래 정 닭 유

정유재란

📕 뜻 정유년(1597년)에 일본이 다시 침범한 사건

행주대첩에서 크게 패한 일본군은 강화회담을 제안했다. 하지만 강화회담은 실패했고 일본군은 丁酉년에 다시 침입했다. 이를 丁酉재란이라고 한다.

교과서밖

辛酉박해
매울 신 닭 유

신유박해

📕 뜻 신유년(1801년)에 있었던 천주교 박해 사건

1801년 천주교를 믿던 사람들을 사형에 처하거나 유배 보낸 사건을 辛酉박해라 일컫는데, 이 사건과 관련된 유명인 중에는 정약용도 포함되어 있었다.

 교과서 속 형성평가!

*정답 : 246쪽

(1) 강화회담은 실패했고 일본군은 정유(丁 ☐)년에 다시 침입했다.

(2) 1801년 천주교를 믿던 사람들을 사형에 처하거나 유배 보낸 사건을 신유(辛 ☐)박해라 한다.

블록 한자

酉
술병, 닭띠 **유**

氵 → 酒
술 주
麥酒 맥주

八 → 酋 寸 → 尊
우두머리 **추** 높일 **존**
酋長 추장 自尊心 자존심

*麥 보리 맥

술 주 [4급]

酉에 氵물 수를 붙여 액체를 더 강조한 글자가 酒술 주입니다. 맥주는 보리로 만든 술, 양주는 서양에서 들어온 술인데, 그런 단어를 만들 때 많이 쓰이는 글자입니다.

酒 따라 쓰기

麥酒
맥 주

뜻 보리로 만든 술

예 야구를 보면서 먹는 치킨과 麥酒는 한국 특유의 현대 풍속이다.

酒	酒			
술 주			

우두머리 추 1급

酋에 八여덟 팔을 붙여 술의 향기가 위로 올라가는 모습을 표현한 글자가 酋우두머리 추입니다. 오래된 좋은 술이란 뜻에서 '가장 높다'라는 뜻까지 지니게 되었습니다.

 酋 따라 쓰기

酋長
추 장

뜻 우두머리 대장

예 언덕 너머로 험상궂게 생긴 인디언 酋長의 얼굴이 나타났다.

우두머리 추

높일 존 4급

酋우두머리 추에 寸마디 촌을 붙인 尊높일 존은 존경하다는 뜻입니다. 寸은 한자에서 손을 뜻하는 단어인데, 尊은 술을 위로 바치며 존중의 뜻을 보이는 모습을 담고 있습니다.

 尊 따라 쓰기

自尊心
자 존 심

뜻 스스로 존중하는 마음

예 이 문제는 둘 사이의 自尊心 때문에 생긴 것이다.

높일 존

문제 풀기

1 네모칸에 알맞은 글자를 넣어 보아요.

酉	酉	酉	酋
술병, 닭띠 유	술 주	우두머리 추	높일 존

2 한자의 음과 뜻을 알맞게 이어 보아요.

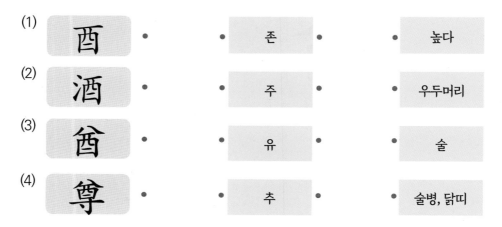

(1) 酉　　　　　존　　　　　높다

(2) 酒　　　　　주　　　　　우두머리

(3) 酋　　　　　유　　　　　술

(4) 尊　　　　　추　　　　　술병, 닭띠

3 빈칸에 알맞은 한자를 써 보아요.

(1) 1801년 천주교를 믿던 사람들을 사형에 처하거나 유배 보낸 사건을 신유(辛 ☐)박해라 한다.

(2) 야구를 보면서 먹는 치킨과 맥주(麥 ☐)는 한국 특유의 현대 풍속이다.

(3) 언덕 너머로 험상궂게 생긴 인디언 추장(☐ 長)의 얼굴이 나타났다.

(4) 이 문제는 둘 사이의 자존심 (自 ☐ 心) 때문에 생긴 것이다.

4 내용을 소리 내어 읽고 한자를 한글로 써 보세요.

"치사한 놈, 내가 自尊心 다 접고 먼저 사과했는데……
만나기만 해 봐라!"

나는 주먹을 꽉 움켜쥐고 부르르 떨었다.

*국어 5

....

5 열쇠의 뜻 풀이를 이용하여 가로 세로 단어 퍼즐을 완성해 보세요.

[가로열쇠 ①] 정유년(1597년)에 일본이 다시
침범한 사건

[세로열쇠 ②] 신유년(1801년)에 있었던 천주교
박해 사건

6 QR코드를 찍어 영상을 본 후, 문제를 풀어 보아요.

음: .... 뜻: ....

관련 단어: ....

....

4급

올가미, 구절 구

句 알아 보기

옛한자

句는 옛글자에서도 보이듯이 어떤 물건을 얽어 묶는 밧줄을 본뜬 글자입니다. 의미를 덩어리 단위로 묶은 것을 句節구절이라고 하는데 그때도 쓰입니다.

句 따라 쓰기

句　　句　句　句

올가미, 구절 구

5획 　ノ　勹　勹　句　句

↑찍으면 획순 영상이 나옵니다.

교과서 핵심 단어

118블록

句

 교과서에 나온 내용을 소리 내어 읽어 보아요.

국어4

語句
말씀 어 구절 구
어구

뜻 말의 구절

"내가 한 語句를 읽을 테니 따라 읊으려무나. '벌목정정조명앵앵'"
학생들은 멍하니 선생님을 따라 읊었어요.

국어6

文句
글월 문 구절 구
문구

뜻 글의 구절

지구촌 갈등을 줄이자는 의미를 담은 공익 광고입니다. 이 광고의 의미를 살린 광고 文句를 만들어 봅시다.

 교과서 속 형성평가!

*정답 : 246쪽

(1) "내가 한 <u>어구</u> (語 ☐)를 읽을 테니 따라 읊으려무나."

(2) 이 광고의 의미를 살린 광고 <u>문구</u>(文 ☐)를 만들어 봅시다.

반디랑 블록 한자 157

블록 한자

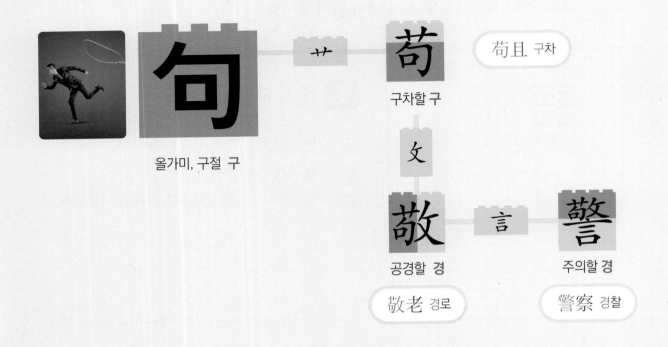

句
올가미, 구절 구

→ ⼗⼗ → 苟
구차할 구

苟且 구차

⽂

敬
공경할 경

敬老 경로

→ ⾔ →

警
주의할 경

警察 경찰

*且 구차할 차, 老 늙을 로, 察 살필 찰

구차할 구 `3급`

句에 ⼗⼗풀 초를 붙이면 苟구차할 구가 됩니다. 지저분하다는 뜻인데, ⼗⼗를 넣어 풀과 올가미가 지저분하게 얽힌 모습을 표현하였습니다.

苟
구 차

뜻 지저분함

예 苟且한 변명을 하고 싶지는 않다.

苟	苟				
구차할 구					

158

공경할 경 5급

苟에 攵칠 복을 쓴 敬공경할 경은 공경하다라는 뜻입니다. 攵을 붙여 지저분한 풀을 깔끔하게 정돈한 모습을 표현하였습니다.

敬老

경 로

 뜻 　노인을 공경함

예 　어버이날에 베푼 敬老잔치에 많은 노인이 참석하였다.

敬	敬				

공경할 경

주의할 경 4급

敬에 言말씀 언을 붙인 警주의할 경은 '공경하는 말'이라는 뜻입니다. 확장되어 '주의, 조심'이라는 뜻을 지닙니다.

警察

경 찰

뜻 　주의하여 살핌

예 　警察이 없다면 도둑이 많아질 것 같아.

警	警				

주의할 경

문제 풀기

1 네모칸에 알맞은 글자를 넣어 보아요.

句
올가미, 구절 구

句
구차할 구

苟
공경할 경

敬
주의할 경

2 한자의 음과 뜻을 알맞게 이어 보아요.

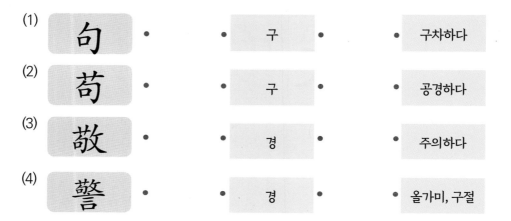

(1) 句 · · 구 · · 구차하다

(2) 苟 · · 구 · · 공경하다

(3) 敬 · · 경 · · 주의하다

(4) 警 · · 경 · · 올가미, 구절

3 빈칸에 알맞은 한자를 써 보아요.

(1) 이 광고의 의미를 살린 광고 <u>문구</u>(文 ☐)를 만들어 봅시다.

(2) <u>구차</u>(☐ 且)한 변명을 하고 싶지는 않다.

(3) 어버이날에 베푼 <u>경로</u>(☐ 老)잔치에 많은 노인이 참석하였다.

(4) <u>경찰</u>(☐ 察)이 없다면 도둑이 많아질 것 같아.

4 내용을 소리 내어 읽고 한자를 한글로 써 보세요.

우리 국토를 지키려고 애쓰시는 국군과 독도 警察들께 감사와 응원의 편지를 써요.

*사회 5

....

5 열쇠의 뜻 풀이를 이용하여 가로 세로 단어 퍼즐을 완성해 보세요.

[가로열쇠 ①] 글의 구절

[세로열쇠 ②] 말의 구절

6 QR코드를 찍어 영상을 본 후, 문제를 풀어 보아요.

걸렸다!

으악!

음: .... 뜻: ....

관련 단어: ....

....

유아독존 (唯我獨尊)

오직 나 홀로 존귀함, 부처가 한 말로서 '세상에서 내가 제일 잘났다'는 말. [오직 唯, 나 我, 獨 홀로 독]

블록한자

酉
술병, 닭띠 유

酒 술 주

酋 우두머리 추

尊 높일 존

句
올가미, 구절 구

苟 구차할 구

敬 공경할 경

警 주의할 경

핵심 한자

월 일

吉
5급

길할 길

吉 알아 보기

옛 한자  吉은 士선비 사와 口입 구가 결합한 말입니다. 선비의 말은 '좋은 조짐의 말'이라는 뜻이 담겨 있습니다.

吉 따라 쓰기

6획 　一 十 士 吉 吉 吉

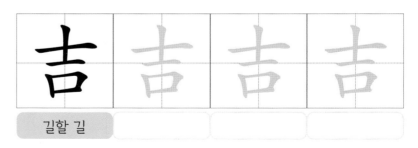

길할 길

↳ 찍으면 획순 영상이 나옵니다.

교과서 핵심 단어

 교과서에 나온 내용을 소리 내어 읽어 보아요.

국어 3

吉鳥
길할 길 새 조

길조

뜻 **좋은 조짐의 새**

우리 조상은 제비를 복과 재물을 가져다 주는 吉鳥라고 여겼습니다. 제비는 주로 음력 9월 9일 즈음 강남에 갔다가 3월 3일 즈음에 돌아오는데, 우리 조상은 이처럼 홀수가 겹치는 吉日이라고 생각했습니다.

교과서 밖

吉凶禍福
길할 길 흉할 흉 재앙 화 복 복

길흉화복

뜻 **좋은 조짐과 나쁜 조짐 그리고 재앙과 복**

우리 조상들은 우리의 삶이 吉凶禍福으로 짜여 있다고 생각했습니다. 좋다가, 나쁘다가, 재앙이 있다가, 복도 있는 것이 우리 인생이라고 여겼습니다.

 교과서 속 **형성평가 !**

*정답 : 246쪽

(1) 우리 조상은 제비를 복과 재물을 가져다 주는 길조(☐ 鳥)라고 여겼습니다.

(2) 우리 조상들은 우리의 삶이 길흉화복(☐ 凶禍福)으로 짜여 있다고 생각했습니다.

블록 한자

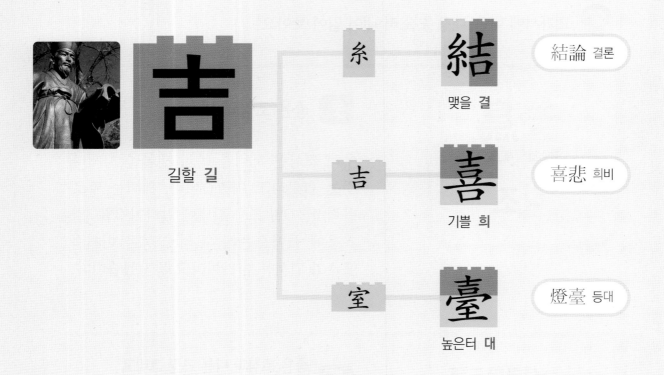

吉 길할 길

糸 — 結 맺을 결 — 結論 결론

吉 — 喜 기쁠 희 — 喜悲 희비

室 — 臺 높은터 대 — 燈臺 등대

* 論 논의할 논, 悲 슬플 비, 燈 등불 등

맺을 결 [5급]

吉 앞에 糸실 멱을 붙이면 실의 매듭을 뜻하는 結맺을 결이 됩니다. 실 끝을 묶어 좋게 마무리한다는 뜻입니다.

結 따라 쓰기

結論
결 론

뜻 ｜ 논의를 맺음

예 ｜ 結論에서는 본론을 요약하고 주장을 다시 한번 강조해요.

맺을 결

166

기쁠 희 [4급]

吉을 두 번 연속으로 쓴 글자가 喜기쁠 희입니다. 아래 부분은 보기 좋게 변형했지만 士나 ㅛ나 3획으로 동일합니다. 글자의 음이 웃음 소리 '히히'랑 닮아 있죠?

喜悲
희 비

뜻	기쁨과 슬픔
예	합격자 발표장은 그야말로 喜悲가 엇갈렸다.

기쁠 희

높은터 대 [3급]

吉과 室집 실을 결합하면 臺높은터 대가 됩니다. 길한 집을 짓기에 적당한 터라는 뜻입니다. 海雲臺해운대, 부산에 있음, 義相臺의상대, 속초에 있음 등 높고 풍경이 좋은 곳에 이런 이름들이 많습니다. 舞臺무대, 燈臺등대에도 이 글자가 들어갑니다.

燈臺
등 대

뜻	불빛을 비추는 높은 터
예	독도에는 燈臺와 경비 시설이 설치되어 있다.

높은터 대

문제 풀기

1 네모칸에 알맞은 글자를 넣어 보아요.

吉
길할 길

☐吉
맺을 결

吉☐
기쁠 희

吉☐
높은터 대

2 한자의 음과 뜻을 알맞게 이어 보아요.

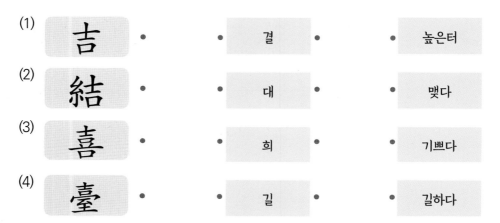

(1) 吉 · · 결 · · 높은터

(2) 結 · · 대 · · 맺다

(3) 喜 · · 희 · · 기쁘다

(4) 臺 · · 길 · · 길하다

3 빈칸에 알맞은 한자를 써 보아요.

(1) 우리 조상은 제비를 복과 재물을 가져다 주는 길조(☐鳥)라고 여겼습니다.

(2) 결론(☐論)에서는 본론을 요약하고 주장을 다시 한번 강조해요.

(3) 합격자 발표장은 그야말로 희비(☐悲)가 엇갈렸다.

(4) 독도에는 등대(燈☐)와 경비 시설이 설치되어 있다.

168

4 내용을 소리 내어 읽고 한자를 한글로 써 보세요.

結論은 실험 결과를 해석하여 얻는 탐구 문제에 대한 답입니다. 이렇게 실험 결과에서 結論을 이끌어 내는 과정을 結論 도출이라고 합니다.

*과학 5

....

5 열쇠의 뜻 풀이를 이용하여 가로 세로 단어 퍼즐을 완성해 보세요.

[가로열쇠 ①] 좋은 조짐과 나쁜 조짐 그리고 재앙과 복

[세로열쇠 ①] 좋은 조짐의 새

6 QR코드를 찍어 영상을 본 후, 문제를 풀어 보아요.

음: .... 뜻: ....

관련 단어: ....

....

5급

흉할 흉

凶 알아 보기

凶은 함정에 꽂혀 있는 날카로운 말뚝들을 표현한 글자입니다. 함정에 빠지는 것은 매우 흉한 일이겠죠. 그런 상황을 나타낸 글자입니다.

凶 따라 쓰기

흉할 흉

4획 ノ メ 凶 凶

↳ 찍으면 획순 영상이 나옵니다.

170

교과서에 나온 내용을 소리 내어 읽어 보아요.

국어 4

凶年
흉할 흉   해 년

흉년

뜻 **흉한 해, 농사가 잘 안 된 해**

김만덕은 1739년에 제주도의 가난한 선비 집안에서 태어났다. 열두 살이 되던 해에 심한 凶年과 전염병 때문에 부모님을 차례로 여의고 말았다.

교과서 밖

凶器
흉할 흉   그릇 기

흉기

뜻 **흉한 물건**

도심의 맨홀 뚜껑은 쓰레기 등으로 막혀 있는 경우가 많기 때문에 집중호우가 발생하면 수압에 의해 순식간에 튀어올라 凶器로 변한다.

 교과서 ^속 형성평가 !

*정답 : 246쪽

(1) 열두 살이 되던 해에 심한 흉년(　　　　年)과 전염병 때문에 부모님을 차례로 여의고 말았다.

(2) 맨홀 뚜껑은 집중호우가 발생하면 수압에 의해 순식간에 튀어올라 흉기(　　　　器)로 변한다.

블록 한자

凶
흉할 흉

儿 → 兇
흉악할 흉
兇惡 흉악

勹 → 匈
오랑캐 흉
匈奴 흉노

月 → 胸
가슴 흉
胸像 흉상

*惡 나쁠 악, 奴 노비 노, 像 형상 상

흉악할 흉 1급

凶과 儿어진 사람 인을 결합하여 함정에 빠뜨리려는 사람을 표현했습니다. 이런 사람은 흉악한 마음을 품고 있다는 것을 강조하고 있습니다.

兇 따라 쓰기

兇惡
흉 악

뜻 흉하고 악함

예 兇惡하게 생긴 얼굴도 아니요, 사기꾼같이 뵈지도 않는다.

兇

흉악할 흉

오랑캐 흉 _{1급}

凶의 윗부분에 勹쌀 포를 씌운 글자가 匈오랑캐 흉입니다. 함정을 파고 그 위에 무언가를 덮어둔 모습을 그렸는데, 중국인들은 오랑캐을 표현할 때 이 글자를 사용했습니다.

匈奴
흉 노

뜻 : 오랑캐의 한 종족, 몽골 지역에 살던 유목 종족

예 : 기원전 3세기에 등장한 匈奴족은 북아시아 최초의 유목국가였다.

오랑캐 흉

가슴 흉 _{3급}

匈에 사람의 신체 부위를 뜻하는 月고기 육을 붙인 글자가 胸가슴 흉입니다. 우리 신체 부위 중에 함정처럼 깊은 곳이 어딜까요? 가슴이 가장 깊어 月을 붙여 가슴을 나타냈습니다.

胸像
흉 상

뜻 : 가슴 형상

예 : 깃발에는 애꾸눈 해적 선장의 실루엣 胸像이 그려져 있다.

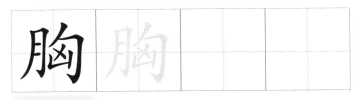

가슴 흉

1 네모칸에 알맞은 글자를 넣어 보아요.

凶	凶	凶	匈
흉할 흉	흉악할 흉	오랑캐 흉	가슴 흉

2 한자의 음과 뜻을 알맞게 이어 보아요.

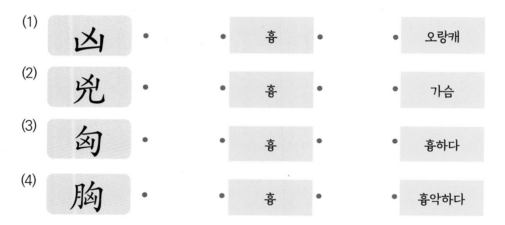

(1) 凶 · · 흉 · · 오랑캐

(2) 兇 · · 흉 · · 가슴

(3) 匈 · · 흉 · · 흉하다

(4) 胸 · · 흉 · · 흉악하다

3 빈칸에 알맞은 한자를 써 보아요.

(1) 열두 살이 되던 해에 심한 흉년(　　　年)과 전염병 때문에 부모님을 차례로 여의고 말았다.

(2) 흉악(　　　惡)하게 생긴 얼굴도 아니요, 사기꾼같이 뵈지도 않는다.

(3) 기원전 3세기에 등장한 흉노(　　　奴)족은 북아시아 최초의 유목국가였다.

(4) 깃발에는 애꾸눈 해적 선장의 실루엣 흉상(　　　像)이 그려져 있다.

174

4 내용을 소리 내어 읽고 한자를 한글로 써 보세요.

> 凶年에는 흰죽 한 끼 얻어먹고 논을 팔아넘긴다고 해서 흰죽 논이라는 말이 생겨났지요.

*국어 4

....

5 열쇠의 뜻 풀이를 이용하여 가로 세로 단어 퍼즐을 완성해 보세요.

[가로열쇠 ①] 흉한 물건

[세로열쇠 ①] 흉한 해, 농사가 잘 안 된 해

6 QR코드를 찍어 영상을 본 후, 문제를 풀어 보아요.

음: .... 뜻: ....

관련 단어: ....

....

한자성어

> ## 길흉화복
> ## (吉凶禍福)

길하고 흉하고 재앙이 생기고 복이 들어옴, 인생의 행운과 불운은 돌고 돎. [재앙 禍, 복 福]

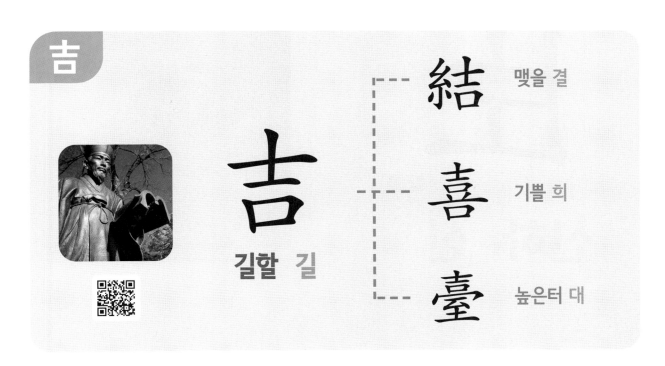

吉

吉
길할 길

結　맺을 결
喜　기쁠 희
臺　높은터 대

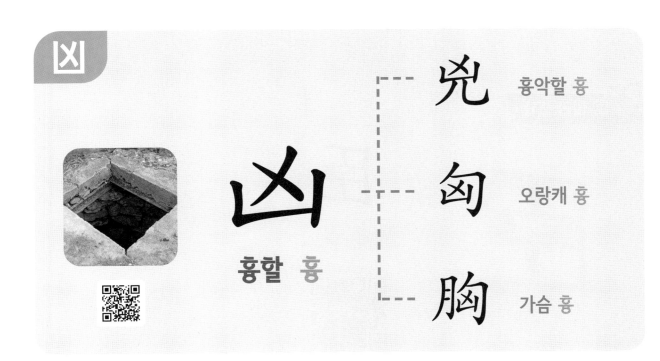

凶

凶
흉할 흉

兇　흉악할 흉
匈　오랑캐 흉
胸　가슴 흉

臣

5급

신하 신

臣 알아 보기

옛 한자

臣은 사람의 눈을 본뜬 글자입니다. 옛 한자에서 눈의 옆 모습을 그린 것이 보이는데, 임금과 백성을 잘 보는 사람이라는 뜻에서 신하의 뜻도 나타내게 되었습니다.

臣 따라 쓰기

6획　一 ｢ 厂 厄 臣 臣

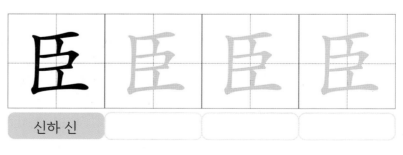

신하 신

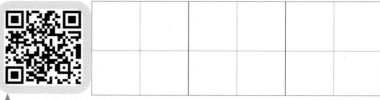

↖ 찍으면 획순 영상이 나옵니다.

교과서에 나온 내용을 소리 내어 읽어 보아요.

국어 3

臣下
신하 신 아래 하
신하

뜻 **임금의 아랫 사람**

옛날, 바다에 사는 용왕이 큰 병에 걸렸다. 의사가 육지에 사는 토끼의 간을 먹으면 낫는다고 했다. 용왕은 臣下 별주부에게 토끼를 데려오라고 했다.

사회 5

忠臣
충성 충 신하 신
충신

뜻 **충성스런 신하**

삼강행실도에는 중국과 우리나라의 효자와 열녀, 忠臣의 이야기가 담겨 있으며, 성종 때에는 한글로 뜻을 풀어서 백성들에게 나눠주기도 했다.

 교과서 ✓속 형성평가 !

*정답 : 247쪽

(1) 용왕은 <u>신하</u>(☐ 下) 별주부에게 토끼를 데려오라고 했다.

(2) 삼강행실도에는 중국과 우리나라의 효자와 열녀, <u>충신</u>(忠 ☐)의 이야기가 담겨 있다.

블록 한자

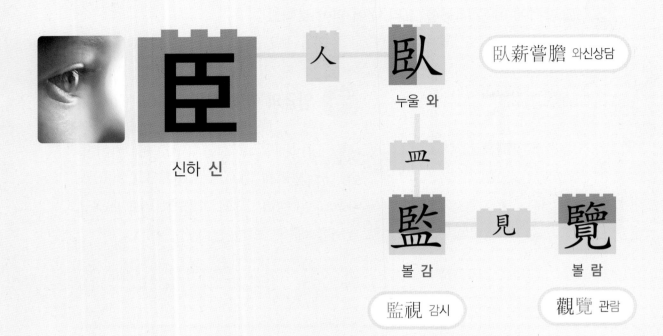

臣 신하 신

人 → 臥 누울 와 → 臥薪嘗膽 와신상담

皿

監 볼 감 → 見 → 覽 볼 람

監視 감시　　　　觀覽 관람

*薪 섶 신, 嘗 맛볼 상, 膽 쓸개 담, 視 볼 시, 觀 볼 관

누울 와　3급

臣에 人사람 인을 붙인 臥누울 와는 눕는다는 뜻입니다. 신하가 사람의 곁에서 자신을 낮추어 열심히 일하는 모습을 상상하면 쉽습니다.

臥 따라 쓰기

臥薪嘗膽　뜻　장작더미에서 누워 자고, 쓸개를 씹으며 삶

와 신 상 담　예　작년의 예선 탈락의 수모를 씻고자 臥薪嘗膽의 노력을 기울였다.

누울 와

180

볼 감 4급

臣이 皿그릇 명을 바라보는 모습의 글자입니다. 옛날에는 물에 비친 그림자를 통해 자신의 모습을 바라보았는데 人사람 인은 사람의 강조, 점은 비친 모습, 皿은 물을 담은 그릇입니다.

 監 따라 쓰기

監視
감 시

뜻 살펴 봄

예 헌병들에게 경찰의 임무를 주어 한국인들을 監視하였습니다.

볼 감

볼 람 4급

監 아래에 見볼 견을 그려 '보다'라는 뜻을 더 강조한 글자입니다. 발음이 살짝 바뀌어 '람'이 되었을 뿐 뜻은 동일합니다.

 覽 따라 쓰기

觀覽
관 람

뜻 보고 봄

예 문화재를 직접 觀覽하면 옛 때를 생생하게 느낄 수 있습니다.

볼 람

문제 풀기

1 네모칸에 알맞은 글자를 넣어 보아요.

臣
신하 신

臣
누울 와

臣
볼 감

臨
볼 람

2 한자의 음과 뜻을 알맞게 이어 보아요.

(1) 臣 · · 감 · · 보다

(2) 臥 · · 람 · · 보다

(3) 監 · · 와 · · 신하

(4) 覽 · · 신 · · 눕다

3 빈칸에 알맞은 한자를 써 보아요.

(1) 용왕은 신하(□ 下) 별주부에게 토끼를 데려오라고 했다.

(2) 작년의 예선 탈락의 수모를 씻고자 와신상담(□ 薪嘗膽)의 노력을 기울였다.

(3) 헌병들에게 경찰의 임무를 주어 한국인들을 감시(□ 視)하였습니다.

(4) 문화재를 직접 관람(觀 □)하면 옛 조상이 살았던 때를 생생하게 느낄 수 있습니다.

182

4 내용을 소리 내어 읽고 한자를 한글로 써 보세요.

> 단오 부채를 나누어 주는 풍속은 임금이 단오에 臣下들에게 부채를 선물하던 것에서부터 시작되었습니다.

*국어 4

....

5 열쇠의 뜻 풀이를 이용하여 가로 세로 단어 퍼즐을 완성해 보세요.

[가로열쇠 ①] 충성스런 신하

[세로열쇠 ②] 임금의 아랫 사람

6 QR코드를 찍어 영상을 본 후, 문제를 풀어 보아요.

음: .... 뜻: ....

관련 단어: ....

....

핵심 한자

월 일

民

8급

백성 민

民 알아 보기

옛
한
자

民은 눈이 찔린 사람의 모습을 그린 글자입니다. 옛날에는 백성을 눈이 없듯 글자도 읽지 못하고 사리에 어두운 존재라 여겼습니다. 하지만 현대의 民은 오히려 눈이 가장 밝은 사람들이겠죠?

民 따라 쓰기

民	民	民	民
백성 민			

5획 ㄱ ㄱ ㄹ ㅌ 民

↳ 찍으면 획순 영상이 나옵니다.

184

교과서 핵심 단어

 교과서에 나온 내용을 소리 내어 읽어 보아요.

국어 3

民族
백성 민   겨레 족
민족

뜻 **같은 겨레로 된 백성**

석주명은 나비를 연구하는 데 온 힘을 다 했습니다. 나라를 빼앗겨 어두웠던 시대에 석주명은 나비를 연구해 우리 民族의 훌륭함을 온 세계에 알렸습니다.

사회 5

國民
나라 국   백성 민
국민

뜻 **나라의 백성**

"모든 國民은 보호하는 자녀 또는 아동이 6세가 된 날이 속하는 해의 다음해 3월 1일에 그 자녀 또는 아동을 초등학교에 입학시켜야 한다."라는 법이 있어.

 교과서 속 형성평가!

*정답 : 247쪽

(1) 석주명은 나비를 연구해 우리 민족(□族)의 훌륭함을 온 세계에 알렸습니다.

(2) 모든 국민(國□)은 자신의 자녀를 초등학교에 입학시켜야 한다.

民 백성 민	目	眼 잠잘 면 不眠症 불면증
氏 성씨 씨 姓氏 성씨	糸	紙 종이 지 白紙 백지

*症 병증, 姓 성씨 성

잠잘 면 3급

眠

民에 目눈 목을 붙인 眠잠잘 면은 民보다 눈을 더 강조한 글자입니다. 눈을 넣음으로써 감은 눈을 더 강조하였습니다.

眠 따라 쓰기

不眠症 뜻 잠을 잘 수 없는 병

불면증 예 아빠는 과도한 스트레스로 인해 不眠症에 시달렸다.

眠	眠			
잠잘 면				

성씨 씨　4급

民과 비슷하게 생긴 글자에 氏성씨 씨가 있습니다. 民의 윗부분에 있는 口를 一의 모양으로 바꾸면 氏가 됩니다. 원래는 허리 숙인 사람의 모습을 본뜬 글자입니다.

姓氏
성 씨

뜻 성을 높여 부르는 말

예 여럿 가운데 같은 姓氏는 하나도 없고 모두가 달랐다.

성씨 씨

종이 지　7급

氏 앞에 糸실 멱을 붙이면 쓰면 紙종이 지가 됩니다. 氏는 성씨란 뜻 외에 바탕이란 뜻도 지니고 있는데 섬유질이 바탕된 물건이기에 종이를 표현하게 되었습니다.

白紙
백 지

뜻 흰 종이

예 천재와 바보는 白紙 한 장의 차이이다.

종이 지

문제 풀기

1 네모칸에 알맞은 글자를 넣어 보아요.

民
백성 민

☐民
잠잘 면

氏
성씨 씨

☐氏
종이 지

2 한자의 음과 뜻을 알맞게 이어 보아요.

(1) 民 · · 면 · · 백성

(2) 眠 · · 씨 · · 잠자다

(3) 氏 · · 지 · · 성씨

(4) 紙 · · 민 · · 종이

3 빈칸에 알맞은 한자를 써 보아요.

(1) 모든 국민(國 ☐)은 자신의 자녀를 초등학교에 입학시켜야 한다.

(2) 아빠는 과도한 스트레스로 인해 불면증(不 ☐ 症)에 시달렸다.

(3) 여럿 가운데 같은 성씨(姓 ☐)는 하나도 없고 모두가 달랐다.

(4) 천재와 바보는 백지(白 ☐) 한 장의 차이이다.

4 내용을 소리 내어 읽고 한자를 한글로 써 보세요.

유목민 : 가축을 기르면서 물과 풀을 따라 옮겨 다니며 사는 民族

*사회 4

------

5 열쇠의 뜻 풀이를 이용하여 가로 세로 단어 퍼즐을 완성해 보세요.

[가로열쇠 ①] 나라의 백성

[세로열쇠 ②] 같은 겨레로 된 백성

6 QR코드를 찍어 영상을 본 후, 문제를 풀어 보아요.

음: _____   뜻: _____

관련 단어: _____

_____

만화로 배우는
한자성어

> **충신불사이군**
> (忠臣不事二君)

충신은 두 임금을 섬기지 않음.
[참마음 忠, 아니 不, 섬길 事, 임금 君]

臣

臣
신하 신

臥 누울 와
監 볼 감
覽 볼 람

民

民
백성 민

眠 잠잘 면
氏 성씨 씨
紙 종이 지

7급

늘 매

每 알아 보기

옛
한
자

每가 머리를 장식한 母어미 모에서 나온 글자란 것은 13블록에서 배웠습니다. 관련 글자를 더 배워보겠습니다.

每 따라 쓰기

7획　 丿 ケ 仁 与 与 每 每

每 每 每 每

늘 매

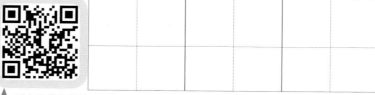

↑ 찍으면 획순 영상이 나옵니다.

교과서 핵심 단어

 교과서에 나온 내용을 소리 내어 읽어 보아요.

수학 3

每日
늘매 날일

매일

뜻 **하루마다**

수일이네 반 학생들이 급식을 남기면 이를 처리하는 데 每日 318원이 든다고 합니다. 한 달 동안 수요일마다 급식을 다 먹으면 모두 얼마를 아낄 수 있는지 알아봅시다.

사회 6

每年
늘매 해년

매년

뜻 **해마다**

유니세프는 每年 카드를 제작해 판매하는데, 그 수익금을 모두 기아 아동을 돕는 데 사용해서 '생명을 구하는 카드'라고 불린다.

 교과서 속 형성평가 !

*정답 : 247쪽

(1) 수일이네 반 학생들이 급식을 남기면 이를 처리하는 데 매일(　　日) 318원이 든다고 합니다.

(2) 유니세프는 매년(　　年) 카드를 제작해 판매한다.

블록 한자

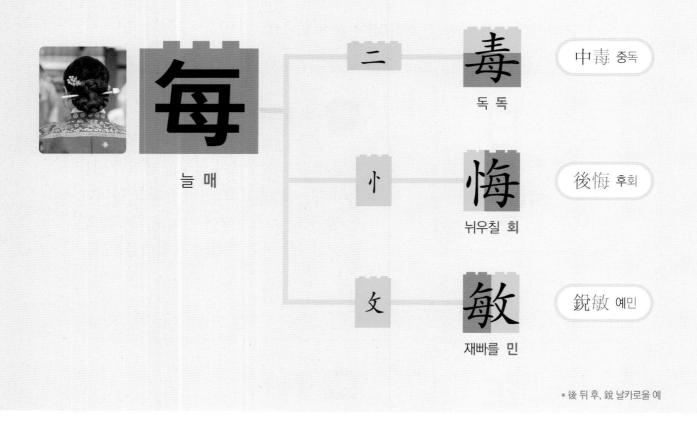

每 늘 매

二 → 毒 독 독 → 中毒 중독

小 → 悔 뉘우칠 회 → 後悔 후회

攵 → 敏 재빠를 민 → 銳敏 예민

*後 뒤 후, 銳 날카로울 예

독 독 4급

母 위에 主(음뜻 없음)을 쓰면 머리에 장식을 더 많이 한 여인의 모습을 나타내게 됩니다. 여인의 장식은 어떤 경우에는 치명적인 매력을 지니기도 하므로 毒(독 독)이란 뜻을 나타내게 되었습니다.

毒 따라 쓰기

中毒
중 독

뜻 독에 빠짐

예 인터넷게임 中毒이 사회적으로 문제가 되고 있다.

독 독

뉘우칠 회 `3급`

每 앞에 忄마음 심을 붙인 悔뉘우칠 회는 뉘우친다, 후회한다는 뜻을 나타냅니다. 어머니를 생각하면 늘 죄송하고 아쉬운 마음이 들어서 그런 것이겠죠?

後悔

후 회

 뜻   뒤늦게 뉘우침

예   친구에게 마음에 없는 말을 한 뒤에 後悔했던 일이 있나요?

뉘우칠 회

재빠를 민 `3급`

每에 攵칠 복을 붙인 敏재빠를 민은 재빠르다, 총명하다는 뜻입니다. 어머니가 회초리로 때려서 교육하는 장면을 생각하면 쉽습니다.

銳敏

예 민

뜻   날카롭고 재빠름

예   짐승들은 새끼를 가지면 무척 銳敏해진다.

재빠를 민

문제 풀기

1 네모칸에 알맞은 글자를 넣어 보아요.

每
늘 매

☐
每
독 독

☐ 每
뉘우칠 회

每 ☐
재빠를 민

2 한자의 음과 뜻을 알맞게 이어 보아요.

(1) 每 · · 독 · · 뉘우치다

(2) 毒 · · 민 · · 늘

(3) 悔 · · 매 · · 독

(4) 敏 · · 회 · · 재빠르다

3 빈칸에 알맞은 한자를 써 보아요.

(1) 유니세프는 매년(☐ 年) 카드를 제작해 판매한다.

(2) 인터넷 이용이 보편화되면서 인터넷게임 중독(中 ☐)이 사회적으로 문제가 되고 있다.

(3) 친구에게 마음에 없는 말을 한 뒤에 후회(後 ☐)했던 일이 있나요?

(4) 짐승들은 새끼를 가지면 무척 예민(銳 ☐)해진다.

196

4 내용을 소리 내어 읽고 한자를 한글로 써 보세요.

우리나라 국민 1인당 커피 소비량은 연간 360잔 정도인데 이것은 전 국민이 每日 한 잔씩 마시는 양이다.

*사회 6

....

5 열쇠의 뜻 풀이를 이용하여 가로 세로 단어 퍼즐을 완성해 보세요.

[가로열쇠 ①] 하루마다

[세로열쇠 ①] 해마다

6 QR코드를 찍어 영상을 본 후, 문제를 풀어 보아요.

음: .... 뜻: ....

관련 단어: ....

....

월 일

周
4급

두루 주

周 알아 보기

옛한자

밭의 테두리를 본뜬 글자입니다. 밭 주변을 두루 둘러보는 모습에서 '두루, 둘레, 둘러싸다'의 뜻을 지니게 되었습니다.

周 周 周

두루 주

8획 丿 冂 月 月 月 周 周 周

↑ 찍으면 획순 영상이 나옵니다.

198

교과서에 나온 내용을 소리 내어 읽어 보아요.

사회 4

周邊
두루 주 가 변

주변

뜻 둘러싸인 곁

우리 周邊에는 피부색, 언어, 종교, 출신 지역 등이 다르다는 이유로 사람들과 사회로부터 부당한 대우를 받는 사람들이 있습니다.

수학 6

圓周
둥글 원 두루 주

원주

뜻 원의 둘레

원의 둘레를 무엇이라고 하면 좋을까요? 원의 둘레를 圓周라고 합니다. 원의 지름이 길어지면 圓周는 어떻게 될까요?

 교과서 ^속 형성평가 !

*정답 : 247쪽

(1) 우리 주변(□邊)에는 피부색, 언어 등이 다르다는 이유로 부당한 대우를 받는 사람들이 있습니다.

(2) 원의 지름이 길어지면 원주(圓□)는 어떻게 될까요?

블록 한자

周
두루 주

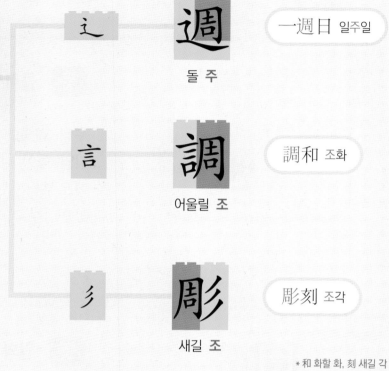

辶 週 돌 주 　一週日 일주일

言 調 어울릴 조 　調和 조화

彡 彫 새길 조 　彫刻 조각

*和 화할 화, 刻 새길 각

돌 주 5급

周에 움직임을 뜻하는 辶움직일 착을 붙이면 한 바퀴 돌다는 뜻을 지니게 됩니다. 한 바퀴 빙 돌아 제자리로 돌아온다는 뜻입니다. 週期주기, 週日주일 등의 단어를 만듭니다.

一週日
일 주 일

뜻　한 바퀴 도는 날

예　당번을 一週日에 한 번씩 바꾸는 건 어때?

돌 주

어울릴 조 [5급]

周 앞에 言말씀 언을 붙이면 서로 조화된다는 뜻을 지니게 됩니다. 서로 조화롭게 말하거나 노래하는 모습을 보이기 위해 言을 붙였습니다.

調和
조 화

 뜻 어울리며 화합함

 예 사람도 자연의 일부이므로 사람은 자연과 調和롭게 살아야 한다.

어울릴 조

새길 조 [2급]

周에 빛을 나타내는 글자인 彡터럭 삼을 붙이면 彫새길 조가 됩니다. 새겨진 것은 아름답게 빛나기 때문에 彡을 붙인 것입니다. 彡이 붙은 한자는 늘 빛이나 소리 등이 퍼져 나가는 뜻을 가집니다.

彫刻
조 각

뜻 새기고 깎음

예 그는 회화보다는 彫刻에 소질이 있다.

새길 조

문제 풀기

1 네모칸에 알맞은 글자를 넣어 보아요.

周
두루 주

周
돌 주

周
어울릴 조

周
새길 조

2 한자의 음과 뜻을 알맞게 이어 보아요.

(1) 周 · · 조 · · 어울리다

(2) 週 · · 조 · · 새기다

(3) 調 · · 주 · · 돌다

(4) 彫 · · 주 · · 두루

3 빈칸에 알맞은 한자를 써 보아요.

(1) 원의 지름이 길어지면 원주(圓　　)는 어떻게 될까요?

(2) 당번을 일주일(一　　日)에 한 번씩 바꾸는 건 어때?

(3) 사람도 자연의 일부이므로 사람은 자연과 조화(　　和)롭게 살아야 한다.

(4) 그는 회화보다는 조각(　　刻)에 소질이 있다.

4 내용을 소리 내어 읽고 한자를 한글로 써 보세요.

북극해는 북극 周邊에 있는 바다로 대부분 얼음에 덮여 있으며 아시아, 유럽, 북아메리카에 둘러싸여 있다.

*사회 6

....

5 열쇠의 뜻 풀이를 이용하여 가로 세로 단어 퍼즐을 완성해 보세요.

[가로열쇠 ①] 원의 둘레

[세로열쇠 ②] 둘러싸인 곁

6 QR코드를 찍어 영상을 본 후, 문제를 풀어 보아요.

벽으로 둘러 쌌어

휘익

음: .... 뜻: ....

관련 단어: ....

....

이독제독 (以毒制毒)

독으로써 독을 제압함.

[~로써 以, 제압할 制]

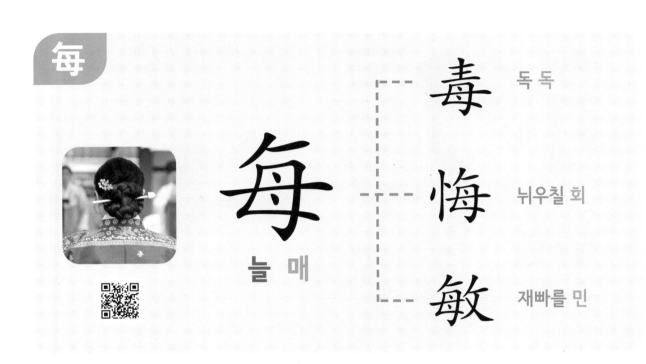

每
늘 매

毒 독 독

悔 뉘우칠 회

敏 재빠를 민

周
두루 주

週 돌 주

調 어울릴 조

彫 새길 조

5급

묶을 약

約 알아 보기

옛한자 勺은 낚시 바늘 또는 술을 떠담는 국자의 모양을 본뜬 글자입니다. 勺은 단어를 만들지 않으므로, 여기에서는 낚시 바늘을 실로 단단히 묶은 뜻을 담은 約묶을 약을 배웁니다.

9획 ㄥ ㄥ ㄠ ㄠ ㅊ 糸 糸 約 約

約 約 約 約

묶을 약

↖찍으면 획순 영상이 나옵니다.

교과서 핵심 단어

 교과서에 나온 내용을 소리 내어 읽어 보아요.

국어 4

約束
묶을 약   묶을 속

약속

뜻 묶고 묶음

할머니는 눈을 감고 책 읽는 내 목소리에 귀를 기울이셨다. "할머니, 다음에 올 때 재미있는 책을 가지고 올게요." 나는 할머니와 約束을 했다.

수학 5

約數
묶을 약   셈 수

약수

뜻 묶을 수 있는 수

12를 나누어 떨어지게 하는 수를 모두 구해보세요. 12를 나누어 떨어지게 하는 1, 2, 3, 4, 6, 12를 12의 約數라고 합니다.

*3과 4는 서로 묶여서 12를 이루죠? 그래서 3과 4는 12의 약수랍니다.

 교과서 속 형성평가!

*정답 : 247쪽

(1) 나는 할머니와 약속(束)을 했다.

(2) 12를 나누어 떨어지게 하는 1, 2, 3, 4, 6, 12를 12의 약수(數)라고 합니다.

블록 한자

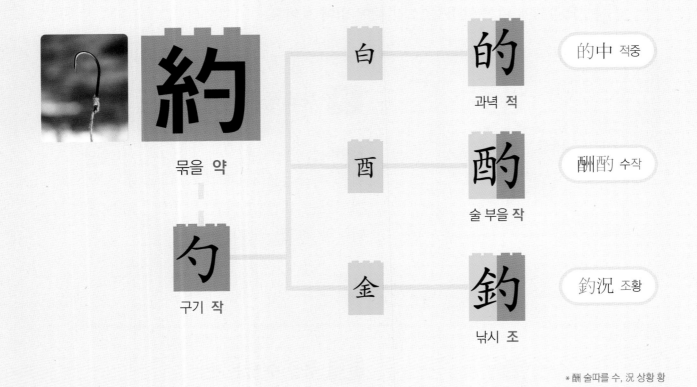

約 묶을 약

勺 구기 작

白 → 的 과녁 적 → 的中 적중

酉 → 酌 술 부을 작 → 酬酌 수작

金 → 釣 낚시 조 → 釣況 조황

* 酬 술따를 수, 況 상황 황

的 **과녁 적** 5급

勺에 白흰 백을 붙인 的과녁 적은 과녁을 나타내는 글자입니다. 낚시 바늘처럼 생긴 갈고리를 던져 거는 것을 생각하면 됩니다.

 的 따라 쓰기

的中 뜻 과녁에 명중함
적 중 예 우리의 예상이 그대로 的中했다.

的	的				

과녁 적

208

술 부을 작 3급

勺 앞에 酉술병,닭띠 유를 붙이면 酌술 부을 작이 됩니다. 酉는 술병을 뜻하고, 勺은 국자를 뜻하므로 '술을 따르다'라는 뜻이 됩니다. 酬酌수작이라는 말 들어 보았죠? 요즘은 부정적으로 많이 쓰이지만, 이 말의 원래 술을 주거니 받거니 사이좋게 논다는 뜻입니다.

酌 따라 쓰기

酬酌
수 작

| 뜻 | 술을 주고 받음. 말을 주고 받음 |
| 예 | 네놈이 나를 속이려고 헛된 酬酌을 부리는구나. |

술 부을 작

낚시 조 2급

勺에 金쇠 금을 붙여 釣낚시 조는 굽은 쇠를 표현하였습니다. 굽어 있는 쇠의 대표는 아무래도 낚시 바늘이겠죠? 그래서 釣는 낚시라는 뜻입니다.

釣 따라 쓰기

釣況
조 황

| 뜻 | 낚시 상황 |
| 예 | 釣況이 좋다는 소식이 들리자 그는 서둘러 낚시 장비를 챙겼다. |

낚시 조

문제 풀기

1 네모칸에 알맞은 글자를 넣어 보아요.

約	□勺	□勺	□勺
묶을 약	과녁 적	술 부을 작	낚시 조

2 한자의 음과 뜻을 알맞게 이어 보아요.

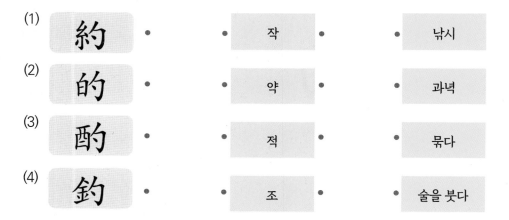

(1) 約 ・　　・ 작 ・　　・ 낚시
(2) 的 ・　　・ 약 ・　　・ 과녁
(3) 酌 ・　　・ 적 ・　　・ 묶다
(4) 釣 ・　　・ 조 ・　　・ 술을 붓다

3 빈칸에 알맞은 한자를 써 보아요.

(1) 2를 나누어 떨어지게 하는 1, 2, 3, 4, 6, 12를 12의 약수(□數)라고 합니다.

(2) 우리의 예상이 그대로 적중(□中)했다.

(3) 네놈이 나를 속이려고 헛된 수작(酬□)을 부리는구나.

(4) 조황(□況)이 좋다는 소식이 들리자 그는 서둘러 낚시 장비를 챙겼다.

4 내용을 소리 내어 읽고 한자를 한글로 써 보세요.

> 동맹은 둘 이상의 개인이나 단체, 또는 국가가 서로의 이익이나 목적을 위하여 동일하게 행동하기로 맹세하여 맺는 約束이다.
>
> *사회 5

....

5 열쇠의 뜻 풀이를 이용하여 가로 세로 단어 퍼즐을 완성해 보세요.

[가로열쇠 ①] 묶고 묶음

[세로열쇠 ①] 묶을 수 있는 수

6 QR코드를 찍어 영상을 본 후, 문제를 풀어 보아요.

음: .... 뜻: ....

관련 단어: ....

....

5급

묶을 속

束 알아보기

옛
한
자

束은 옛글자에서 보이듯이 자루의 아래위를 묶은 모양을 본뜬 글자입니다. 후대에 들어서 위쪽은 一자 형태로, 아래쪽은 八자 형태로 변하였습니다. 團束단속, 拘束구속 등의 단어를 만듭니다.

束 따라 쓰기

7획　一 ㄱ ㄲ 冃 申 束 束

묶을 속

↑ 찍으면 획순 영상이 나옵니다.

212

교과서 핵심 단어

 교과서에 나온 내용을 소리 내어 읽어 보아요.

사회 5

團束
둥글 단 묶을 속

단속

🟦 뜻 **모아서 묶음**

어린이를 고려한 보행 안전 시설도 더 필요하다. 학교 앞길에는 과속 차량을 團束하는 장치를 마련하여 어린이들이 안전하게 다닐 수 있게 해야 한다.

교과서 밖

束手無策
묶을 속 손 수 없을 무 꾀 책

속수무책

🟦 뜻 **손이 묶인 듯 방법이 없음**

束手無策이란 손이 묶인 듯이 아무런 방법이 없다는 말로, "도둑이 훔친 물건을 들고 달아나는 모양을 束手無策으로 바라보고만 있었다."과 같은 문장에서 쓰입니다.

 교과서 ✓ 형성평가!
속

*정답 : 247쪽

(1) 학교 앞길에는 과속 차량을 단속(團 ☐)하는 장치를 마련해야 한다.

(2) 속수무책(☐ 手無策)이란 손이 묶인 듯이 아무런 방법이 없다는 뜻이다.

블록한자

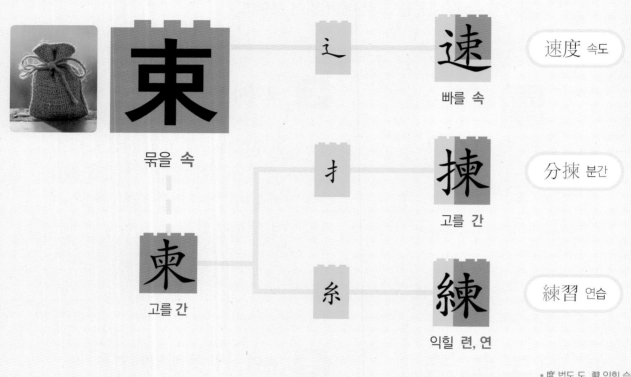

束 묶을 속

辶 → 速 빠를 속 → 速度 속도

束 고를 간

扌 → 揀 고를 간 → 分揀 분간

糸 → 練 익힐 련, 연 → 練習 연습

* 度 법도 도, 習 익힐 습

빠를 속 6급

束에 辶움직일 착을 붙이면 速빠를 속이 됩니다. 辶은 늘 움직임을 나타내는데 여기서도 빠르게 움직이는 뜻을 나타내기 위해 사용하였습니다.

 速 따라 쓰기

速 속 도

뜻 빠른 정도

예 차들이 규정 速度를 지키지 않고 빠르게 달려서 무서워요.

速	速				
빠를 속					

고를 간 `1급`

束에 점 두 개를 찍어 柬고를 간으로 쓸 수도 있습니다. 자루 속의 내용물을 분간한다는 뜻인데, 두 개의 점은 그 내용물을 표현한 것입니다. 요즘은 扌손 수를 붙여 揀으로 더 많이 씁니다.

分揀
분 간

뜻	나누어 가려냄
예	꿈인지 생시인지를 分揀하기 어렵다.

고를 간

익힐 련, 연 `5급`

束에 糸실 멱을 붙이면 練익힐 련, 연이 됩니다. 옛날엔 누에고치를 삶아 익혀 그 실로 옷감을 짰는데 그 과정을 나타낸 글자입니다. 練習연습에 이 글자가 사용하는 것은, 연습이란 어떤 기술이 몸에 푹 익도록 하는 것이기 때문입니다.

練習
연 습

뜻	익히고 배움
예	에밀은 피아노 練習을 많이 했다.

익힐 련, 연

문제 풀기

1 네모칸에 알맞은 글자를 넣어 보아요.

 束
묶을 속

빠를 속

 柬
고를 간

 柬
익힐 련, 연

2 한자의 음과 뜻을 알맞게 이어 보아요.

(1) 束 · · 속 · · 고르다

(2) 速 · · 련, 연 · · 익히다

(3) 揀 · · 간 · · 빠르다

(4) 練 · · 속 · · 묶다

3 빈칸에 알맞은 한자를 써 보아요.

(1) 학교 앞길에는 과속 차량을 단속(團 )하는 장치를 마련해야 한다.

(2) 차들이 규정 속도(度)를 지키지 않고 빠르게 달려서 무서워요.

(3) 꿈인지 생시인지를 분간(分)하기 어렵다.

(4) 에밀은 피아노 연습(習)을 많이 했다.

216

4 내용을 소리 내어 읽고 한자를 한글로 써 보세요.

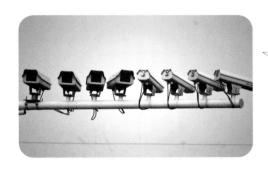

> 감시 카메라를 설치해 불법 주차를 團束하는 방법도 있습니다.
>
> *사회 4

....

5 열쇠의 뜻 풀이를 이용하여 가로 세로 단어 퍼즐을 완성해 보세요.

[세로열쇠 ①] 모아서 묶음

[가로열쇠 ②] 손이 묶인 듯 방법이 없음

6 QR코드를 찍어 영상을 본 후, 문제를 풀어 보아요.

음: .... 뜻: ....

관련 단어: ....

....

만화로 배우는
한자성어

> ## 속수무책
> ## (束手無策)

손이 묶인 듯이 방법이 없음.
[방법 策]

블록한자

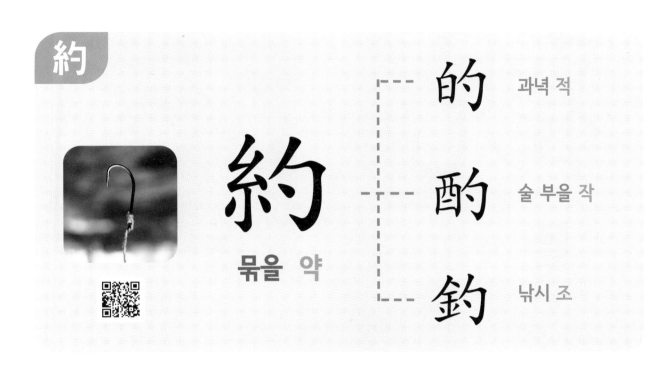

約 묶을 약

的 과녁 적
酌 술 부을 작
釣 낚시 조

束 묶을 속

速 빠를 속
揀 고를 간
練 익힐 련, 연

觀

5급

볼 관

觀 알아 보기

옛
한
자

雚물새 관은 새의 모습을 본뜬 글자입니다. ++는 눈썹, 口口는 두 눈, 隹새 추는 몸통을 나타낸 것입니다. 雚은 현대 단어에서 홀로 쓰이지는 않으나, 權, 勸, 觀, 歡 등 어렵지만 중요한 글자들을 많이 만드니까 꼭 익혀 두어야 합니다. 우선 見볼 견을 붙이면 觀 볼 관이 됩니다.

觀 따라 쓰기

觀　觀　觀　觀

볼 관

24획 一 十 十 艹 艹 艹 苎 苎 茜 茁 苹 苹
苹 苹 雚 雚 雚 雚 雚 雚 雚 觀 觀 觀 ← 찍으면 획순 영상이 나옵니다.

220

교과서 핵심 단어

 교과서에 나온 내용을 소리 내어 읽어 보아요.

과학 4

觀察
볼 관   살필 찰

관찰

뜻 보면서 살핌

선인장을 觀察해 봅시다. 觀察할 때 가시에 찔리지 않게 주의하고 칼을 안전하게 사용하세요.

국어 6

觀點
볼 관   점 점

관점

뜻 보는 지점

논설문은 자신의 견해나 觀點을 정확하게 표현하는 글이므로 모호한 표현을 쓰지 않아야 해요.

 교과서 속 형성평가!

*정답 : 247쪽

(1) 관찰(察)할 때 가시에 찔리지 않게 주의하고 칼을 안전하게 사용하세요.

(2) 논설문은 자신의 견해나 관점(點)을 정확하게 표현하는 글입니다.

블록 한자

觀 볼 관
- - -
萑 물새 관

木	權 저울대 권	權力 권력
力	勸 권할 권	勸告 권고
欠	歡 기쁠 환	歡迎 환영

* 告 알릴 고, 迎 맞이할 영

 權 ## 저울대 권　4급

萑에 木나무 목을 붙이면 權저울대 권이 됩니다. 저울을 만드는 나무를 표현한 것인데, 후에 저울이 지닌 법칙성에서 파생하여 '권력'이라는 뜻을 지니게 됩니다.

 權 따라 쓰기

權力 뜻 힘

권 력　예　개인의 인권은 국가의 權力으로 빼앗을 수 없다.

저울대 권

권할 권

雚에 力힘 력을 붙이면 勸권할 권이 됩니다. 누가 어떤 일을 하도록 은근한 力을 가한다는 의미입니다.

勸告

권 고

뜻	권하여 말함
예	그는 의사의 勸告로 운동을 시작했다.

권할 권

기쁠 환

雚에 欠하품 흠을 붙이면 歡기쁠 환이 됩니다. 한자에서 欠은 입을 크게 벌리는 행동에 많이 들어가는데, 여기서도 기쁨으로 입이 크게 벌어진 모습을 표현한 것입니다.

歡迎

환 영

뜻	기쁘게 맞이함
예	길거리에는 그의 방문을 歡迎하는 플래카드가 걸렸다.

기쁠 환

문제 풀기

1 네모칸에 알맞은 글자를 넣어 보아요.

觀	□萑	萑□	萑□
볼 관	저울대 권	권할 권	기쁠 환

2 한자의 음과 뜻을 알맞게 이어 보아요.

(1) 觀 •   • 권 •   • 보다

(2) 權 •   • 권 •   • 권하다

(3) 勸 •   • 환 •   • 기쁘다

(4) 歡 •   • 관 •   • 저울대

3 빈칸에 알맞은 한자를 써 보아요.

(1) 관찰(□察)할 때 가시에 찔리지 않게 주의하고 칼을 안전하게 사용하세요.

(2) 개인의 인권은 국가의 권력(□力)으로 빼앗을 수 없다.

(3) 그는 의사의 권고(□告)로 운동을 시작했다.

(4) 길거리에는 그의 방문을 환영(□迎)하는 플래카드가 걸렸다.

4 내용을 소리 내어 읽고 한자를 한글로 써 보세요.

觀點은 사물이나 현상을 관찰할 때 그 사람이 바라보는 태도나 방향 또는 처지를 뜻해요. 觀點에 따라 같은 사물이나 현상도 다르게 보일 수 있어요.

*국어 6

....

5 열쇠의 뜻 풀이를 이용하여 가로 세로 단어 퍼즐을 완성해 보세요.

[가로열쇠 ①] 보면서 살핌

[세로열쇠 ①] 보는 지점

6 QR코드를 찍어 영상을 본 후, 문제를 풀어 보아요.

* 雚은 관련 단어를 배우지 않았으므로 雚에서 파생되는 한자를 복습해 봅시다.

(1) 음: _____   뜻: _____

(2) 파생 한자 ①: _____

파생 한자 ②: _____

파생 한자 ③: _____

5급

能

능할 능

能 알아보기

옛한자

能은 곰이 두 발을 들고 있는 모습을 본뜬 글자입니다. 왼쪽은 머리와 몸통, 오른쪽에 있는 두 개의 匕비수 비는 날카로운 두 발입니다. 지금은 '능력'이라는 뜻으로 쓰이고, 곰을 뜻하는 글자는 네 발을 더 그려 熊곰 웅으로 씁니다.

能 따라 쓰기

能

능할 능

10획 ノ ム ム 介 育 育 育 能 能 能

↑ 찍으면 획순 영상이 나옵니다.

교과서에 나온 내용을 소리 내어 읽어 보아요.

국어 4

能力
능할 능 힘 력

능력

뜻 할 수 있는 힘

언어는 인간만이 가진 能力이라고 생각했는데, 꿀벌에게도 언어가 있다는 것이 밝혀졌어요. 인간은 말과 글을 사용하지만 꿀벌은 춤을 이용한다는 것만 다를 뿐이에요.

과학 5

可能
옳을 가 능할 능

가능

뜻 할 수 있음

겨울철에 난방기구를 한 곳에만 켜놓아도 집안 전체의 공기가 따뜻해집니다. 어떻게 이런 일이 可能할까요? 기체에서 열은 어떻게 이동하는지 알아봅시다.

 교과서 속 형성평가!

*정답 : 247쪽

(1) 언어는 인간만이 가진 능력(□力)이라고 생각했습니다.

(2) 어떻게 이런 일이 가능(可□)할까요?

能
능할 능

灬 — 熊 — 熊女 웅녀
곰 웅

四 — 罷 — 罷免 파면
내칠 파

心 — 態 — 狀態 상태
태도 태

* 免 면할 면, 狀 모양 상

곰 웅 1급

能이 '능력, 할 수 있다'라는 뜻으로 많이 쓰이자 곰을 표현하기 위해 아래에 점 네개를 찍은 글자가 熊곰 웅 모양으로 만들어집니다. 네 개의 점 灬은 곰의 네 발이라 생각하면 쉽습니다.

熊 따라 쓰기

熊女
웅 녀

뜻 곰 여인

예 熊女와 환웅이 혼인하여 단군을 낳았다.

熊 熊

곰 웅

228

내칠 파　3급

能의 위에 罒그물 망을 쓰면 곰이 그물을 찢고 달아나는 모습을 뜻하는 글자가 됩니다.
어떤 직책을 벗겨 내는 것을 파면이라고 하는데 이 글자가 들어갑니다.

罷免
파 면

뜻	내쳐서 그만두게 함
예	그는 공금을 횡령한 것이 탄로가 나 罷免되었다.

내칠 파

태도 태　4급

能에 心마음 심을 붙여주면 모습을 뜻하는 글자가 됩니다. 마음이 당당해야 겉으로 드러난 모습도 당당하다는 지혜가 담겨 心이 추가된 것이겠죠?

狀態
상 태

뜻	모양과 모습
예	동물원은 동물을 살아 있는 狀態로 관찰할 수 있는 곳입니다.

태도 태

문제 풀기

1 네모칸에 알맞은 글자를 넣어 보아요.

能
능할 능

能
곰 웅

能
내칠 파

能
태도 태

2 한자의 음과 뜻을 알맞게 이어 보아요.

(1) 能 ·

(2) 熊 ·

(3) 罷 ·

(4) 態 ·

· 능 ·

· 파 ·

· 태 ·

· 웅 ·

· 태도

· 능하다

· 곰

· 내치다

3 빈칸에 알맞은 한자를 써 보아요.

(1) 어떻게 이런 일이 가능(可 ⬜)할까요?

(2) 웅녀(⬜ 女)와 환웅이 혼인하여 단군을 낳았다.

(3) 그는 공금을 횡령한 것이 탄로가 나 파면(⬜ 免)되었다.

(4) 동물원은 동물을 살아 있는 상태(狀 ⬜)로 관찰할 수 있는 곳입니다.

230

4 내용을 소리 내어 읽고 한자를 한글로 써 보세요.

> 직업은 생활 수단이자 자신의 能力을 발휘하고 꿈을 실현할 수 있는 기회이기도 하다.
>
> *국어 5

_____

5 열쇠의 뜻 풀이를 이용하여 가로 세로 단어 퍼즐을 완성해 보세요.

[가로열쇠 ①] 할 수 있음

[세로열쇠 ②] 할 수 있는 힘

6 QR코드를 찍어 영상을 본 후, 문제를 풀어 보아요.

음: _____   뜻: _____

관련 단어: _____

_____

> **수수방관**
> (袖手傍觀)
>
> 손을 소매에 넣고 곁에서 구경함, 구경만 하고 도와주지 않음.
> [소매 袖, 곁 傍]

동영상으로 익히는

블록한자

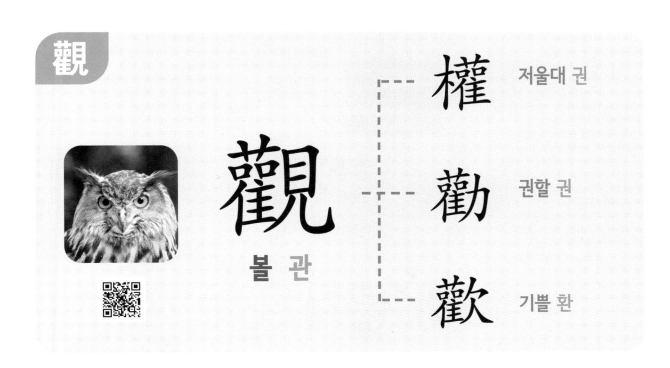

觀

觀
볼 관

權 저울대 권

勸 권할 권

歡 기쁠 환

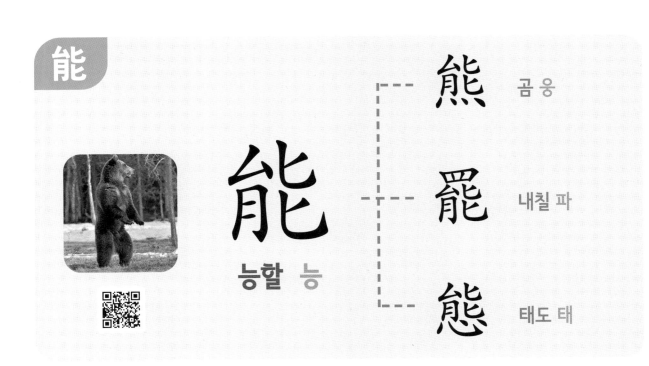

能

能
능할 능

熊 곰 웅

罷 내칠 파

態 태도 태

반디랑

블록

한자

더⁺블록 한자

4

貝
조개 패

攵 칠 복	敗 깨질 패	貝에 攵을 넣어 깨어진 조개, 패한 상태를 나타냄 敗北　패 배 * 北 패할 배
斤 도끼 근	質 바탕 질	斤 두 개와 貝를 함께 써서 꾸미지 않은 상태를 나타냄 品質　품 질 * 品 물건 품
中 가운데 중 一 한 일	貴 귀할 귀	中, 一과 貝를 연달아 써서 '가운데 하나 있는 조개'를 뜻함 富貴　부 귀 * 富 부자 부

非
아닐 비

心 마음 심	悲 슬플 비	非 아래 心을 넣어 아픈 마음을 표현함 悲哀　비 애 * 哀 슬플 애
罒 그물 망	罪 죄 죄	非 위에 罒을 써서 잘못을 범한 자를 그물로 잡음을 표현함 罪人　죄 인
扌 손 수	排 밀 배	非 앞에 扌를 넣어 손으로 밀어내는 뜻을 표현함 排斥　배 척 * 斥 물리칠 척

弗
아니 불

貝 조개 패	費 돈 쓸 비	弗 아래 貝를 넣어 돈을 없애는 일을 표현함 車費　차 비
亻 사람 인	佛 부처 불	弗 앞에 亻을 써서 사람이 아님을 나타냄 石佛　석 불
手 손 수	拂 돈 줄 불	弗 앞에 扌를 넣어 손으로 돈을 지불하는 뜻을 표현함 先拂　선 불 * 先 먼저 선

丁
장정 정

高 높을 고	亭 정자 정	高 아래에 丁을 넣어 높은 건물을 표현함 八角亭　팔 각 정 * 角 뿔 각
亻 사람 인	停 머무를 정	亭 앞에 亻을 써서 정자에 사람이 머무르는 것을 표현함 停止　정 지 * 止 그칠 지
頁 머리 혈	頂 꼭대기 정	丁과 頁을 함께 써서 장정의 머리 꼭대기를 나타냄 頂上　정 상

夬
깍지 결

부수	한자	설명	예
氵 물 수	決 결심 결	夬에 氵를 붙여 물이 터져 한쪽으로 흐름을 표현함	決心 결심
缶 장군 부	缺 모자랄 결	夬에 缶를 붙여 장군[물통의 일종]의 한 쪽이 터진 모습을 표현함	缺席 결석 * 席 자리 석
忄 마음 심	快 시원할 쾌	夬 앞에 忄을 넣어 마음이 탁 트이는 느낌을 표현함	不快 불쾌

古
옛 고

부수	한자	설명	예
月 고기 육	胡 오랑캐 호	古에 月을 붙여 오랑캐를 나타냄	胡桃 호도 * 桃 복숭아 도
氵 물 수	湖 호수 호	胡에 氵를 붙여 물이 가득한 호수를 표현함	湖水 호수
米 쌀 미	糊 풀 호	胡에 米를 붙여 밥풀처럼 끈적 끈적한 풀을 표현함	糊口之策 호구지책 * 策 꾀 책

其
그 기

부수	한자	설명	예
土 흙 토	基 터 기	其에 土를 붙여 바탕, 터라는 뜻을 나타냄	基本 기본
月 달 월	期 때 기	其에 月을 붙여 시간, 약속의 뜻을 나타냄	時期 시기 * 時 때 시
欠 하품 흠	欺 속일 기	其에 欠을 붙여 속삭여서 사람을 속이는 뜻을 표현함	詐欺 사기 * 詐 속일 사

富
부자 부

부수	한자	설명	예
刂 칼 도	副 버금 부	畐[술병을 본뜬 글자]에 刂를 붙여 쪼개진 술병을 나타냄	副市長 부시장 * 市 시장 시
示 제단 기	福 복 복	畐 앞에 示를 붙여 술로써 신에게 제사지내는 모습을 나타냄	幸福 행복 * 幸 다행 행
巾 수건 건	幅 너비 폭	畐에 巾을 붙여 천의 너비를 나타냄	小幅 소폭

支
가를 지

扌 손 수	技 재주 기	支에 扌를 붙여 손을 사용하는 재주, 기술을 나타냄 技術　기술 * 術 재주 술
木 나무 목	枝 가지 지	支 앞에 木을 붙여 나무에서 갈라진 가지를 나타냄 枝葉　지엽 * 葉 잎 엽
月 고기 육	肢 팔다리 지	支 앞에 月을 붙여 몸에서 갈라진 팔다리를 나타냄 四肢　사지

取
가질 취

人 사람 인	聚 모일 취	取 아래에 人을 세 번 써서 사람들이 모여 있는 상황을 표현함 聚合　취합 * 合 합할 합
日 날 일	最 가장 최	取 위에 日을 써서 가장 높은 뜻을 나타냄 最高　최고
扌 손 수	撮 찍을 촬	最 앞에 扌를 붙여 손으로 모아 찍는 뜻을 표현함 撮影　촬영 * 影 그림자 영

黑
검을 흑

土 흙 토	墨 먹 묵	黑에 土를 붙여 검은 흙, 즉 먹을 표현함 水墨畫　수묵화 * 畫 그림 화
犬 개 견	默 잠잠할 묵	黑에 犬을 붙여 깜깜한 곳의 개처럼 조용히 있는 뜻을 나타냄 沈默　침묵 * 沈 잠길 침
尙 높을 상	黨 무리 당	尙 아래에 黑을 써서 한 집에 사는 무리를 표현함 政黨　정당 * 政 다스릴 정

毋
말 무

貝 조개 패	貫 꿸 관	毋 아래에 貝를 써서 조개를 꿴 모습을 표현함 一貫性　일관성 * 性 성품 성
忄 마음 심	慣 버릇 관	貫 앞에 忄을 붙여 마음속에 들어 있는 버릇을 표현함 慣習　관습 * 習 익힐 습
宀 집 면	實 열매 실	貫 위에 宀을 써서 집 안에 충실하게 들어 있는 물건을 나타냄 充實　충실 * 充 채울 충

曲
굽을 곡

八 여덟 팔	典 법 전	曲 아래에 八을 쓴 형태로 책상에 책을 편 것을 본뜬 글자 古典　고전
豆 제사그릇 두	豊 풍성할 풍	曲 아래에 豆를 쓴 형태로 그릇에 곡물이 풍성하게 담긴 것을 본뜬 글자 豊年　풍년
示 제단 기	禮 예의 예	豊 앞에 示를 써서 제사 지내는 예의를 표현한 글자 失禮　실례 * 失 잃을 실

旦
아침 단

亻 사람 인	但 오직 단	해가 뜨는 모습의 旦 앞에 亻을 붙여 아침의 순수한 사람 마음을 나타낸 글자 但只　단 지 * 只 다만 지
里 마을 리	量 헤아릴 양	旦 아래에 里를 쓴 형태로, 어원적으로는 곡물의 양을 달던 모습을 본뜬 글자 大量　대 량
米 쌀 미	糧 식량 량	量 앞에 米를 써서 쌀로 만든 식량을 표현함 食糧　식량 * 食 밥 식

厂
기슭 엄

禾 벼 화	厤 달력 력	厂 속에 禾를 두 개 써서 벼가 자라는 기슭을 지나가는 모습을 나타냄, 曆의 옛글자 달厤　달력
日 날 일	曆 달력 력	厤 아래에 日을 써서 해가 지나가는 모습을 나타냄 달曆　달력
止 발, 그칠 지	歷 지날 력	厤 아래에 止를 써서 밟고 지나가는 뜻을 표현함 歷史　역사 * 史 역사 사

𤇾
지붕에 불이 켜진 모양

力 힘 력	勞 일할 로	𤇾 아래에 力을 써서 불을 켜두고 열심히 일하는 모습을 표현함 勞動　노동 * 動 움직일 동
木 나무 목	榮 영화로울 영	𤇾 아래에 木을 써서 불을 훤하게 밝힌 나무로 된 집에 사는 삶을 표현함 榮光　영광 * 光 빛 광
虫 벌레 훼	螢 반딧불이 형	𤇾 아래에 虫를 넣어 불을 밝히는 곤충을 표현함 螢雪之功　형설지공 * 雪 눈 설, 功 공 공

238

相
서로 상

	想	相 아래에 心을 써서 마음의 작용을 나타냄
心 마음 심	상상할 상	回想　회상

*回 돌이킬 회

	箱	相 위에 竹을 써서 상자를 만드는 재료를 표현함
竹 대 죽	상자 상	箱子　상자

	霜	相 위에 雨를 써서 비처럼 내리는 서리를 표현함
雨 비 우	서리 상	雪上加霜　설상가상

*雪 눈 설, 加 더할 가

坴
언덕 륙

	陸	坴에 阝를 붙여 흙이 언덕처럼 쌓인 땅을 표현함
阝 언덕 부	뭍 륙	陸地　육지

	勢	埶[심을 예] 아래에 力을 붙여 힘을 쓰는 모습을 나타냄
力 힘 력	힘 세	勢力　세력

	熱	埶 아래에 灬를 써서 뜨겁게 불타는 모습을 표현함
灬 불 화	뜨거울 열	加熱　가열

*加 더할 가

予
나 여

	序	予를 广 아래에 써서 학교를 표현함, 학교는 차례가 있으므로 차례라는 뜻도 지님
广 집 엄	학교, 차례 서	序文　서문

	矛	予에서 한 획을 더 그어 丿을 붙이면 창의 모습이 됨
丿 삐칠 별	창 모	矛盾　모순

*盾 방패 순

	務	矛에 攵과 力을 붙여 힘써 일하는 모습을 표현함
攵 칠 복 / 力 힘 력	힘쓸 무	事務　사무

*事 일 사

百
백 백

	佰	百 앞에 亻을 써서 사람 100 명을 나타냄
亻 사람 인	백명 백	단어 없음

	宿	佰 위에 宀을 써서 많은 사람들이 잘 수 있는 집을 나타냄
宀 집 면	잠잘 숙	宿所　숙소

*所 바·곳 소

	縮	宿 앞에 糸을 넣어 실이 쪼그라드는 모습을 표현함
糸 실 멱	줄일 축	縮小　축소

與
함께 여

手 손 수	擧 들 거	與 아래에 手를 써서 손으로 들어 올리는 모습을 표현함
		擧手　　거수

言 말씀 언	譽 명예 예	與 아래에 言을 써서 말로써 들어 올리는 모습을 표현함
		名譽　　명예
		* 名 이름 명

車 수레 거	輿 실을 여	與의 가운데 車를 넣어 수레에 싣는 뜻을 표현함
		輿論　　여론
		* 論 논의할 론

又
또 우

十 열 십	友 벗 우	又를 十 아래에 써서 두 손을 맞잡은 친구를 표현함
		友情　　우정
		* 情 정 정

爪 손톱 조 冖 덮을 멱	受 받을 수	爪와 冖 아래에 又를 써서 손으로 받는 모습을 표현함
		引受　　인수
		* 引 끌 인

扌 손 수	授 줄 수	受 앞에 扌를 써서 손으로 주는 의미를 강조함
		授與　　수여
		* 與 줄 여

尸
주검 시

水 물 수	尿 오줌 뇨	尸 아래에 水를 넣어 죽은 물을 표현함
		放尿　　방뇨
		* 放 놓을 방

死 죽을 사	屍 시체 시	尸 아래에 死를 넣어 죽은 시체를 표현함
		屍身　　시신
		* 身 몸 신

𠂤 의미 없음	展 펼칠 전	尸 아래에 𠂤을 쓴 형태, 어떤 물건을 펼쳐 둔 모양이 이런 형태로 발전함
		發展　　발전
		* 發 쏠 발

卽
곧 즉

竹 대 죽	節 마디 절	卽 위에 竹을 써서 대나무의 마디를 나타냄
		名節　　명절

旡 고개 돌린 모습	旣 이미 기	卩 대신에 사람이 고개를 돌린 모습인 旡을 넣어 일이 끝난 상태를 표현함
		旣存　　기존
		* 存 있을 존

木 나무 목	槪 굵직할 개	旣 앞에 木을 써서 평미레(나무로 된 도구)를 나타낸 글자, 후에 '굵직한'의 뜻으로 바뀜
		槪論　　개론
		* 論 논의할 론

240

丰
풀 모양, 예쁠 봉

宀 집 면 口 입 구	害 해칠 해	宀과 口 사이에 풀이 무성한 모양의 丰을 넣어 해로운 일이 일어남을 표현함 加害　가해 * 加 더할 가
刂 칼 도	割 나눌 할	害에 刂를 붙여 칼로 해쳐 쪼개는 것을 표현함 分割　분할
罒 目을 옆으로 눕혀 놓은 모양 心 마음 심	憲 법 헌	害의 아랫부분에 罒과 心을 써서 늘 보고 마음에 두어야 할 법을 표현함 憲法　헌법 * 法 법 법

聿
붓 율

竹 대 죽	筆 붓 필	聿 위에 竹을 써서 대나무로 만드는 붓을 표현함 萬年筆　만년필 * 萬 일만 만
廴 당길 인	建 세울 건	聿 앞에 廴을 붙여 붓을 당겨 무엇 인가를 그리는 모습을 표현함 建物　건물 * 物 물건 물
亻 사람 인	健 건강 건	建 앞에 亻을 써서 사람이 꼿꼿이 서 있는 모습을 표현 健康　건강 * 康 편안할 강

隹
새 추

木 나무 목	集 모을 집	木 위에 隹를 써서 나무 위에 새가 모인 모습을 표현함 集合　집합
厷 클 굉	雄 수컷 웅	隹 앞에 厷을 붙여 큰 새, 즉 수컷 새를 나타냄 英雄　영웅 * 英 꽃부리 영
辶 움직일 착	進 나아갈 진	隹 아래에 辶을 붙여 앞으로만 움직이는 새의 모습을 표현함 前進　전진 * 前 앞 전

或
혹시 혹

心 마음 심	惑 어리석을 혹	或 아래에 心을 써서 요행을 바라 는 마음을 나타냄 惑世　혹세
土 흙 토	域 땅 역	或 앞에 土를 써서 땅의 구역을 나타냄 地域　지역 * 地 땅 지
囗 큰입 구	國 나라 국	或 주변을 囗로 둘러 일정한 테두리 안의 땅을 나타냄 國家　국가 * 家 집 가

弘
클 홍

虫 벌레 훼	強 강할 강	弘 아래에 虫를 넣어 강한 벌레를 나타냄 強弱　강약 * 弱 약할 약
弱 약할 약	弱 약할 약	弓에 실올이 풀린 모습을 그려 약하다는 뜻을 담음 弱小　약소
氵 물 수	溺 물에 빠질 익	弱 앞에 氵를 넣어 물에 약한 것을 나타냄 溺死　익사

各
따로 각

木 나무 목	格 법, 격식 격	各 앞에 木을 사용하여 나무로 된 틀을 나타냄 品格　품격 * 品 물건 품
宀 집 면	客 손님 객	宀 아래에 各을 넣어 각자의 집으로 들어간 손님을 나타냄 客觀　객관
頁 머리 혈	額 이마, 가격 액	客 옆에 頁을 붙여 사람의 이마를 나 타냄, 물건의 이마쯤에 붙이는 가격의 뜻도 지님 金額　금액

立
설 립

立 설 립	竝 나란할 병	立을 두 개 써서 사물이 나란히 있 는 모습을 표현함 竝列　병렬 * 列 벌일 렬
米 쌀 미	粒 쌀알 립	立 앞에 米를 써서 쌀알, 알갱이를 나타냄 粒子　입자
亻 사람 인	位 위치 위	立 앞에 亻을 써서 사람이 서 있는 위치를 나타냄 方位　방위 * 方 모 방

僉
모두 첨

木 나무 목	檢 검사할 검	僉 앞에 木을 붙여 나무로 된 상자 또는 그것을 열어 검사하는 뜻을 나타냄 檢査　검사 * 査 조사할 사
阝 언덕 부	險 위험할 험	僉 앞에 阝를 써서 언덕의 위험함을 나타냄 險地　험지 * 地 땅 지
馬 말 마	驗 시험 험	僉 앞에 馬를 시험 삼아 말을 타 봄을 나타냄 試驗　시험 * 試 시험할 시

반디랑

블록 한자

정답과 풀이

4

정답

97 블록 鳥

핵심한자 완성하기 P.11
(1) 鳥 (2) 鳥

문제 풀기 P.14~15

1 (1) 鳴 (2) 島
2

3 (1) 鳥 (2) 鳴 (3) 島 (4) 烏
4 오죽　5 鳥
6 음: 도　뜻: 섬
　관련단어: 삼다도

98 블록 蟲

핵심한자 완성하기 P.17
(1) 蟲 (2) 蟲

문제 풀기 P.20~21

1 (1) 蜀 (2) 獨 (3) 濁
2

3 (1) 蟲 (2) 蜀 (3) 獨 (4) 濁
4 초충도　5 蟲
6 음: 촉　뜻: 머리큰 애벌레
　관련단어: 촉나라

99 블록 魚

핵심한자 완성하기 P.25
(1) 魚 (2) 魚

문제 풀기 P.28~29

1 (1) 漁 (2) 魯 (3) 鮮
2

3 (1) 魚 (2) 漁 (3) 魯 (4) 鮮
4 문어　5 魚
6 음: 어　뜻: 고기잡다
　관련단어: 어촌

100 블록 貝

핵심한자 완성하기 P.31
(1) 貝 (2) 貝

문제 풀기 P.34~35

1 (1) 財 (2) 買 (3) 貧
2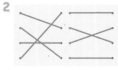

3 (1) 貝 (2) 財 (3) 買 (4) 貧
4 자안패　5 貝
6 음: 매　뜻: 사다
　관련단어: 매매

101 블록 無

핵심한자 완성하기 P.39
(1) 無 (2) 無

문제 풀기 P.42~43

1 (1) 舞 (2) 撫 (3) 蕪
2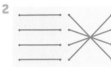

3 (1) 無 (2) 舞 (3) 撫 (4) 蕪
4 무리　5 無
6 음: 무　뜻: 춤추다
　관련단어: 무대

102 블록 谷

핵심한자 완성하기 P.45
(1) 谷 (2) 谷

문제 풀기 P.48~49

1 (1) 俗 (2) 浴 (3) 欲
2

3 (1) 谷 (2) 俗 (3) 浴 (4) 欲
4 계곡　5 谷
6 음: 욕　뜻: 목욕하다
　관련단어: 목욕

103 블록 良

핵심한자 완성하기 P.53
(1) 良 (2) 良

문제 풀기 P.56~57

1 (1) 浪 (2) 娘 (3) 郞
2

3 (1) 良 (2) 浪 (3) 娘 (4) 郞
4 양심　5 良
6 음: 랑　뜻: 물결
　관련단어: 풍랑

104 블록 奴

핵심한자 완성하기 P.59
(1) 奴 (2) 奴

문제 풀기 P.62~63

1 (1) 努 (2) 怒 (3) 駑
2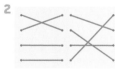

3 (1) 奴 (2) 努 (3) 怒 (4) 駑
4 노비　5 奴
6 음: 노　뜻: 종
　관련단어: 노비, 노예

105 블록 比

핵심한자 완성하기 P.67

(1) 比 (2) 比

문제 풀기 P.70~71

1 (1) 批 (2) 昆 (3) 混　　3 (1) 比 (2) 批 (3) 昆 (4) 混

2

4 비교　　5 比

6 음: 곤　뜻: 맏이
　관련단어: 곤충

106 블록 率

핵심한자 완성하기 P.73

(1) 率 (2) 率

문제 풀기 P.76~77

1 (1) 卒 (2) 猝 (3) 悴　　3 (1) 率 (2) 卒 (3) 猝 (4) 悴

2

4 솔직　　5 率

6 음: 졸　뜻: 졸병
　관련단어: 졸병

107 블록 尙

핵심한자 완성하기 P.81

(1) 尙 (2) 尙

문제 풀기 P.84~85

1 (1) 常 (2) 堂 (3) 掌　　3 (1) 尙 (2) 常 (3) 堂 (4) 掌

2

4 식당　　5 尙

6 음: 상　뜻: 높을
　관련단어: 경상도, 고상

108 블록 識

핵심한자 완성하기 P.87

(1) 識 (2) 識

문제 풀기 P.90~91

1 (1) 職 (2) 織 (3) 熾　　3 (1) 識 (2) 職 (3) 織 (4) 熾

2

4 지식　　5 識

6 (1) 음: 직　뜻: 모이다
　(2) ① 職 ② 織 ③ 熾

109 블록 專

핵심한자 완성하기 P.95

(1) 專 (2) 專

문제 풀기 P.98~99

1 (1) 傳 (2) 轉 (3) 團　　3 (1) 專 (2) 傳 (3) 轉 (4) 團

2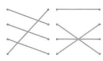

4 전용　　5 專

6 음: 단　뜻: 둥글
　관련단어: 단체

110 블록 充

핵심한자 완성하기 P.101

(1) 充 (2) 充

문제 풀기 P.104~105

1 (1) 銃 (2) 統 (3) 流　　3 (1) 充 (2) 銃 (3) 統 (4) 流

2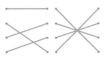

4 유행　　5 充

6 음: 충　뜻: 채울
　관련단어: 충분, 보충

111 블록 自

핵심한자 완성하기 P.109

(1) 自 (2) 自

문제 풀기 P.112~113

1 (1) 臭 (2) 息 (3) 鼻　　3 (1) 自 (2) 臭 (3) 息 (4) 鼻

2

4 자율　　5 自

6 음: 취　뜻: 냄새
　관련단어: 악취

112 블록 爭

핵심한자 완성하기 P.115

(1) 爭 (2) 爭

문제 풀기 P.118~119

1 (1) 錚 (2) 淨 (3) 靜　　3 (1) 爭 (2) 錚 (3) 淨 (4) 靜

2

4 전쟁　　5 爭

6 음: 쟁　뜻: 다투다
　관련단어: 전쟁, 경쟁

정답

113 블록 犬

핵심한자 완성하기 P.123

(1) 犬 (2) 犬

문제 풀기 P.126~127

1 (1) 伏 (2) 拔 (3) 髮　　3 (1) 犬 (2) 伏 (3) 拔 (4) 髮

2 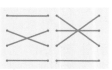　　4 말복　　5 犬

6 음: 발　뜻: 뽑다
관련단어: 해발

114 블록 馬

핵심한자 완성하기 P.129

(1) 馬 (2) 馬

문제 풀기 P.132~133

1 (1) 篤 (2) 駐 (3) 騎　　3 (1) 馬 (2) 篤 (3) 駐 (4) 騎

2 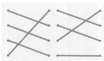　　4 하마　　5 馬

6 음: 독　뜻: 성실하다
관련단어: 독지가

115 블록 培

핵심한자 완성하기 P.137

(1) 培 (2) 培

문제 풀기 P.140~141

1 (1) 倍 (2) 部 (3) 剖　　3 (1) 培 (2) 倍 (3) 部 (4) 剖

2 　　4 부품　　5 培

6 음: 배　뜻: 북돋우다
관련단어: 재배, 배양

116 블록 養

핵심한자 완성하기 P.143

(1) 養 (2) 養

문제 풀기 P.146~147

1 (1) 義 (2) 議 (3) 儀　　3 (1) 養 (2) 義 (3) 議 (4) 儀

2 　　4 정의　　5 養

6 음: 양　뜻: 기르다
관련단어: 양분, 양치

117 블록 酉

핵심한자 완성하기 P.151

(1) 酉 (2) 酉

문제 풀기 P.154~155

1 (1) 酒 (2) 酋 (3) 尊　　3 (1) 酉 (2) 酒 (3) 酋 (4) 尊

2 　　4 자존심　　5 酉

6 음: 유　뜻: 술병, 닭띠
관련단어: 정유재란, 신유박해

118 블록 句

핵심한자 완성하기 P.157

(1) 句 (2) 句

문제 풀기 P.160~161

1 (1) 苟 (2) 敬 (3) 警　　3 (1) 句 (2) 苟 (3) 敬 (4) 警

2 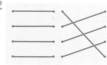　　4 경찰　　5 句

6 음: 구　뜻: 올가미, 구절
관련단어: 어구, 문구

119 블록 吉

핵심한자 완성하기 P.165

(1) 吉 (2) 吉

문제 풀기 P.168~169

1 (1) 結 (2) 喜 (3) 臺　　3 (1) 吉 (2) 結 (3) 喜 (4) 臺

2 　　4 결론　　5 吉

6 음: 희　뜻: 기쁘다
관련단어: 희비

120 블록 凶

핵심한자 완성하기 P.171

(1) 凶 (2) 凶

문제 풀기 P.174~175

1 (1) 兇 (2) 匈 (3) 胸　　3 (1) 凶 (2) 兇 (3) 匈 (4) 胸

2 　　4 흉년　　5 凶

6 음: 흉　뜻: 흉하다
관련단어: 흉년, 흉기

121 블록 臣

핵심한자 완성하기 P.179

(1) 臣 (2) 臣

문제 풀기 P.182~183

1 (1) 臥 (2) 監 (3) 覽
2

3 (1) 臣 (2) 臥 (3) 監 (4) 覽

4 신하   5 臣

6 음: 감 뜻: 보다
관련단어: 감시

122 블록 民

핵심한자 완성하기 P.185

(1) 民 (2) 民

문제 풀기 P.188~189

1 (1) 眠 (3) 紙
2

3 (1) 民 (2) 眠 (3) 氏 (4) 紙

4 민족   5 民

6 음: 민 뜻: 백성
관련단어: 민족, 국민

123 블록 每

핵심한자 완성하기 P.193

(1) 每 (2) 每

문제 풀기 P.196~197

1 (1) 毒 (2) 悔 (3) 敏
2

3 (1) 每 (2) 毒 (3) 悔 (4) 敏

4 매일   5 每

6 음: 독 뜻: 독
관련단어: 중독

124 블록 周

핵심한자 완성하기 P.199

(1) 周 (2) 周

문제 풀기 P.202~203

1 (1) 週 (2) 調 (3) 彫
2

3 (1) 周 (2) 週 (3) 調 (4) 彫

4 주변   5 周

6 음: 주 뜻: 두루
관련단어: 주변, 원주

125 블록 約

핵심한자 완성하기 P.207

(1) 約 (2) 約

문제 풀기 P.210~211

1 (1) 的 (2) 酌 (3) 釣
2

3 (1) 約 (2) 的 (3) 酌 (4) 釣

4 약속   5 約

6 음: 약 뜻: 묶다
관련단어: 약속, 약수

126 블록 束

핵심한자 완성하기 P.213

(1) 束 (2) 束

문제 풀기 P.216~217

1 (1) 速 (2) 揀 (3) 練
2

3 (1) 束 (2) 速 (3) 揀 (4) 練

4 단속   5 束

6 음: 속 뜻: 묶다
관련단어: 단속, 속수무책

127 블록 觀

핵심한자 완성하기 P.221

(1) 觀 (2) 觀

문제 풀기 P.224~225

1 (1) 權 (2) 勸 (3) 歡
2

3 (1) 觀 (2) 權 (3) 勸 (4) 歡

4 관점   5 觀

6 (1) 음: 관 뜻: 물새
(2) ① 權 ② 勸 ③ 歡

128 블록 能

핵심한자 완성하기 P.227

(1) 能 (2) 能

문제 풀기 P.230~231

1 (1) 熊 (2) 罷 (3) 態
2
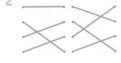

3 (1) 能 (2) 熊 (3) 罷 (4) 態

4 능력   5 能

6 음: 웅 뜻: 곰
관련단어: 웅녀

4권에 나온 글자를 찾아 볼까요

248

반디랑
블록 한자 ④

발행일: 2022년 04월 15일 [1판 1쇄]

지은이: 문화기획반디 연구개발팀

편집 디자인: 이예슬 | **표지 디자인**: 방혜자

내지 일러스트 · 만화: 임정민, 도지우 | **영상편집**: 전하영

펴낸곳: (주)문화기획반디 | **등록번호**: 제2020-000059호

주　소: 04310 서울특별시 용산구 청파로47길 90, 숙명여자대학교 창업보육센터 202호

전　화: 02) 6951-1008 | **팩　스**: 02) 6951-1007

홈페이지: www.bandirang.com | **이메일**: contact@bandirang.com

블로그: blog.naver.com/bigfoot200 | **인스타그램**: @bandi_rang

ISBN 979-11-92043-04-3

ISBN 979-11-971523-6-8 (세트)